VINDOBONA

VERLAG · SEIT 1946

AF139550

YOUNES HEIDARI

Von Menschen und Mäusen

Ein deutsch-persischer Einakter

آدم‌ها و موش‌ها

تک‌پرده‌ای آلمانی – فارسی

یونس حیدری

VINDOBONA
VERLAG SEIT 1946

Bibliografische Information
der Deutschen Nationalbibliothek:

Die Deutsche Nationalbibliothek
verzeichnet diese Publikation in
der Deutschen Nationalbibliografie.
Detaillierte bibliografische Daten
sind im Internet über
http://www.d-nb.de abrufbar.

www.vindobonaverlag.com

© 2021 Vindobona Verlag

ISBN 978-3-949263-18-7
Lektorat: H. Schwinger
Umschlagfotos: Martina1802, Javarman,
Gilotyna | Dreamstime.com
Umschlaggestaltung, Layout & Satz:
Vindobona Verlag

Gedruckt in der Europäischen Union
auf umweltfreundlichem, chlor- und
säurefrei gebleichtem Papier.

Im Namen Gottes

به نام خداوند بخشنده‌ی مهربان

Vorbemerkung

Das vorliegende Theaterstück ist das Ergebnis einer Bemühung, ein dramatisches Werk zu erstellen – in Persisch und in Deutsch geschrieben – das eine Antwort des Autors auf dessen langjährigen Wunsch sein soll, beide Leserschaften zu einer sprachlichen Herausforderung und zu einem neuen Verständnis der jeweils anderen Sprache zu verhelfen. Das Stück wurde so konzipiert, dass die deutschen Leser, die mit dem Persischen nicht vertraut sind, durch die deutschen Charakteristika des Textes in ihrer Bedeutung den persischen Text erahnen können – und umgekehrt. Zweifellos kann die Formulierung des vorliegenden Textes noch jederzeit verbessert werden. Daher könnten z.B. gebildete Leser, die beide Sprachen beherrschen, dem Autor mit guten Vorschlägen zu einer optimalen Textgestaltung verhelfen.

Um eine Verbindung mit dem Künstler für diejenigen, die Interesse an einer derartigen Aufführung haben, herzustellen, sei die E-Mail-Adresse unten angegeben.

Mit freundlichen Grüßen,
Younes Heidari
younes458@yahoo.com

پیش‌درآمد

نمایشنامه‌ی پیش‌رو، حاصل تلاشی به منظور خلق اثری نمایشی، با استفاده‌ی هم‌زمان از دو زبان آلمانی و فارسی بوده، و مختصر جوابی است به دغدغه‌ی دیرین صاحب این قلم، برای نگارش نمایشنامه‌ای دوزبانه، که به واسطه‌ی آن بتوان مخاطبان هر دو زبان را به صورتی مجزّا، به چالشی در جهت فهم محتوا، درک خط داستانی و دریافت مفهوم گفت‌وگوهایی که به زبانی دیگر صورت می‌گیرند، دعوت کرد. به عبارت ساده‌تر، نمایشنامه‌ای که از نظر ارزشمندتان خواهد گذشت، به گونه‌ای نگاشته شده که مخاطب آلمانی‌زبان و ناآشنا به زبان فارسی، بتواند حتی‌الامکان از دریچه‌ی آن‌چه شخصیت آلمانی اثر می‌گوید، معنای گفته‌های کاراکتر ایرانی نمایشنامه را دریابد، و در سوی مقابل نیز اتفاقی مشابه برای مخاطب فارسی‌زبان که زبان آلمانی نمی‌داند، روی دهد.

تردیدی نیست که متن نمایشی موجود نیز مانند هر دست‌نوشته‌ی دیگری خالی از ایراد نبوده و هر زمان می‌توان بهینه‌اش نوشت. لذا از مخاطبان فرهیخته‌ای که با هر دو زبان فارسی و آلمانی آشنا بوده و احتمالاً بر هر دو زبان تسلط کافی و وافی دارند، استدعا دارد با دقت‌نظر و سعه‌ی صدر، نقطه‌نظرات سازنده‌شان را با این حقیر به اشتراک گذاشته، در تصحیح سیاه‌مشقی که به رشته‌ی تحریر درآمده، یاری‌اش دهند. بدین منظور و نیز به قصد فراهم نمودن امکان برقراری ارتباط با تئاتری‌پیشگان عزیزی که احیاناً تمایلی به اجرای این نمایشنامه خواهند داشت، آدرس ایمیلی در پایان همین سطور درج می‌شود. پیشاپیش خاضعانه از بذل عنایت جمیع بزرگوارانی که در هر گونه تصحیح یا بازنویسی این اثر نمایشی مشارکت خواهند کرد، نهایت تشکر و کمال قدردانی به عمل می‌آید.

با تقدیم احترام،
یونس حیدری
younes458@yahoo.com

Die Charaktere:
       Sara
       Babak

اشخاص بازی:

سارا

بابک

Einfaches Zimmer mit normalen Möbeln. Babak sieht wütend auf das Blatt, das er in der Hand hält. Danach schaut er einen Punkt der Szene an und schwenkt das Blatt zweimal vor seinem Gesicht in der Luft. Anschließend zankt er mit Sara und gleichzeitig faltet er das Blatt, bildet eine Papier-Rakete und bereitet sie vor, durch den Raum zu fliegen.

اتاقی ساده با مبلمانی معمولی. بابک نگاهی از سر عصبانیت به برگه‌ای که در دست دارد انداخته، همین‌طور که به نقطه‌ای از صحنه خیره شده، یکی دو بار آن را آرام مقابل صورت خود در هوا تکان می‌دهد. او سپس – و هم‌زمان با بگومگویی که با سارا دارد – با آن موشکی کاغذی ساخته و آماده‌ی پروازش می‌کند.

Sara: Soll ich deine Pillen holen?!

بابک: قرصای منو بیاری؟!

Sara: Soll ich nicht?!

بابک: از کجا بیاریشون؟!

Sara: Von dort, wo auch immer du sie hingestellt hast!

بابک: جای دوری نیستن؛ (دو سه تا ضربه به جیب شلوارش می‌زند) شما
نمی‌خواد زحمت بکشی!

Sara: *(Sie ist überrascht und zeigt auf Babak's Tasche)* Stecken sie in
deiner Tasche?! Also noch besser; dann nimm sie und lass
dich einigermaßen beruhigen.

بابک: لازم نکرده!

Sara: Was soll das heißen: Es ist nicht nötig?!

بابک: لازم نکرده یعنی لازم نیست؛ یعنی این‌که Derzeit brauche ich die
nicht!

Sara: Was haben sie denn in deiner Tasche zu suchen?!

بابک: برا وقتی که لازم شد!

Sara: Und wann wirst du sie brauchen?!

بابک: (عصبی) استنطاقم می‌کنی؟!

Sara: Ich verhöre dich nicht!

بابک: چرا دیگه! مگه من بچه‌م؟!

Sara: Sagte ich, du bist ein Kind?!!!

بابک: منظورت همینه!

Sara: *(Nervös und schnippisch)* Nimm sie ein, … um dich ein biss-
chen … entspannen zu können!

بابک: من آرومم! شما نمی‌خواد …

Sara: *(Ironisch)* Ach sooo; du bist jetzt ruhig!!!

بابک: آرومِ آروم!

Sara: So ruhig, dass du sogar deine Tabletten nicht brauchst!!!

بابک: *(سعی در مخفی کردن عصبانیتش دارد)* فعلاً آره؛ آرومم، قرصم نمی‌خوام!
شما مشکلی داری؟!

Sara: Ja, ich habe ein Problem! Nimm deine …

بابک: من نمی‌فهمم؛ شما آلمانیا مگه از دارو بدتون نمی‌اومد؟! چی شد پس؟!

Sara: Welche Deutsche hassen die Medikamente, wenn der Arzt
sie schon verschrieben hat?!

بابک: کدوم دکتری میناره مریضش دست خالی بره؟!

Sara: Deutsche Ärzte!

بابک: *(با پوزخند)* گذشت اون دوره!

Sara: Die deutschen Ärzte verschreiben nicht immer sofort Me-
dikamente!

بابک: چرا بابا؛ همون دکترای آلمانیشم حالا دیگه عین آجیل مشکل‌گشا قرص
میدن دست مریض!

Sara: Die Ärzte heute sind anders als die Ärzte früher; das ver-
stehe ich; ich verstehe nur nicht, warum ich jeden Tag mit
dir darüber diskutieren muss, dass du deine Pillen nehmen
sollst!!!

بابک: خُب نکن جر و بحث؛ مگه مریضی؟!

Sara: Das geht nicht!

بابک: میشه!

Sara: Ich kann es nicht!

بابک: می‌تونی! خودم هر وقت لازم باشه، داروهامو می‌خورم!

Sara: Du verhälst dich wie ein Kind!

بابک: آره من بچه‌م؛ الان دیگه گفتی!

Sara: Wie lange schon?!

بابک: چند وقته که چی؟!

Sara: Wann hast du aufgehört, deine Tabletten einzunehmen?

بابک: سه روز، چهار روز، یه هفته؛ چه فرقی می‌کنه؟!

Sara: Der Unterschied ist: Mein Mann ohne seine Tabletten ist so aggressiv und wütend, dass er gar nicht versteht, was ich sage oder will!

بابک: من عصبانی نیستم!

Sara: Doch!

بابک: نیستم!

Sara: Doch; bist du!

بابک: باشمم هیچ ارتباطی با خوردن و نخوردن قرصام نداره!

Sara: Ach sooo; soll das heißen, jetzt wo du keine Tabletten ein-nimmst, geht's dir besser?!!!

بابک: بهتر نباشم، بدترم نیستم. به هر حال، نمی‌خورم دیگه اون قرصای کوفتی رو!

Sara: Mann, schau mal kurz auf deine Uhr!

بابک: (نگاهی کوتاه و سرسری به مچِ بدون ساعتش می‌اندازد) انداختم! اینم یه نگاه به ساعت!

Sara: Weißt du, wie lange ich dich jetzt schon darum bitte?!!

بابک: نکن؛ نه جر و بحث کن، نه خواهش! چرا داری خواهش می‌کنی، وقتی می‌دونی که من ...

Sara: *(Sie zeigt mit ihrem Finger die Papierrakete an, die von Babak gebaut wurde)* Dieses Formular ist mir wichtig, Babak!

بابک: مهمه؟!

Sara: Definitiv!!!

بابک: (موشک کاغذی را به سارا نشان داده و می‌کوشد تا آن را کم‌اهمیت جلوه دهد) این مهمه؟!!! این کجاش ...

Sara: Ja, es ist wichtig; sehhhr wichtig!

بابک: مگه من به زور ازت گرفته‌مش؟! خودت اینو ...

Sara: Ich habe es dir selbst gegeben, aber ich wollte es wieder zurückhaben!

بابک: الانم بهت بَرِش می‌گردونم؛ می‌خوامش چیکار! (در حالی‌که موشک را به سمت سارا پرتاب می‌کند) بفرما!

Sara: Nicht so!

بابک: چه جوری نه؟

Sara: *(Sie zeigt noch einmal mit ihrem Finger auf die Papierrakete, die jetzt auf dem Boden liegt.)* Habe ich dich gebeten, es zu falten?!

بابک: (کلافه) نمی‌دونم!

Sara: Was denn?!

بابک: (عصبانی) دادی امضاءش کنم!

Sara: Hast du es getan?! Hast du es unterschrieben?!

بابک: (عصبانی‌تر، و ضمن اشاره به موشک کاغذی) اوناهاش! خم شو، وَرش دار، بازش کن، صافش کن، پُرش کن، خودتم امضاءش کن!

Sara: Ich soll es unterschreiben?!!!

بابک: آره؛ چرا که نه!

Sara: Dieses Formular braucht nicht meine Unterschrift, Babak! Du solltest …

بابک: (همچنان عصبانی و ناگهان با لحنی متفاوت و صدایی بلندتر) حالا چرا این جوری حرف میزنی؟!!!

Sara: Wie spreche ich?!

بابک: Wieso sprichst du nicht persisch?!

Sara: (In gebrochenem Persisch) تو چرا آلمانی حرف نمی‌زنی؟!!!

بابک: آلمانی حرف نمی‌زنم، چون عشقم نمی‌کشه!

Sara: Also, ich spreche auch genau deswegen deutsch; … weil ich es will!

بابک: (کلافه و با فریاد) بزن؛ آلمانی حرف بزن! اونقد آلمانی حرف بزن که …

Sara: Klar spreche ich deutsch!

بابک: اونقد آلمانی حرف بزن، تا جونت درآد!

Sara: Verstehst du gerade eben nicht, was ich dir sage?!

بابک: چه ربطی داره؛ معلومه که می‌فهمم چی میگی!

Sara: Jedenfalls ich kann nicht mehr …

بابک: لجبازی نکن زن!

Sara: Ich kann es nicht; verstehst du?! Ich kann nicht mehr …

بابک: بگو نمی‌خوام!

Sara: Nein; ich kann es nicht, weil es mein Gehirn wirklich müde macht, wenn ich mehr als zwei, drei Sätze auf Persisch spreche.

بابک: حالا این لجبازی جدیدته؟!

Sara: Welche Dickköpfigkeit?!!!

بابک: کدوم لجبازی؟! یعنی تو فارسی حرف بزنی، از جمله‌ی چهارم به بعد دیگه مغزت خسته میشه!!! (شگفت‌زده و بخش‌بندی شده) مغزت خسته میشه؟!!!

Sara: Guck mal, es ist wichtig, dass du mich verstehen kannst; und du verstehst! Oder verstehst du nicht?!

بابک: می‌فهمم؛ همه‌ی حرفاتو می‌فهمم! که چی؟!

Sara: Aber ich möchte nicht, dass du mich nur hörst!

بابک: هم می‌شنوم، هم می‌فهمم!

Sara: Na und?!

بابک: منظورا!

Sara: Was?!

بابک: منظورت چیه؟!! چی می‌خوای؟!!

Pause

مکث

Sara: *(Sie fährt mit einem Finger ihrer rechten Hand über die Hand-fläche ihrer linken Hand, so als ob sie etwas schreiben würde)* Du verstehst sehr gut, was ich will!

Babak dreht sich plötzlich zu Sara um, und unterbricht ihre Rede mit einem erbitterten Blick.

بابک ناگهان به سمت سارا چرخیده و با نگاهی غضب‌آلود، حرف او را می‌بُرد.

بابک: مار و پله‌ست سارا؟!!

Sara: Nein, auf keinen Fall!

بابک: چرا، هست؛ برا تو، این فقط ...

Sara: Das ist kein Leiterspiel, Babak; das ist das Leben!

بابک: آخه این کجاش شبیه زندگیه؟!! مار و پله‌ست، الانم برگشته‌یم سرِ خونه‌ی اولمون!

Sara: Wir sind nirgendwo hingegangen, so dass wir zurück zum ersten Haus müssten!

بابک: چرا چرا؛ اتفاقاً ما داریم مار و پله بازی می‌کنیم! (با دست بازی مار و پله را نشان می‌دهد) هی ما پله‌ها رو سه‌تا یکی می‌کنیم با هزار زحمت میریم میریم میریم می‌رسیم اون بالا، خانم میندازتمون تو حلق یه مار، دوباره فس س س س س، سُر می‌خوریم از کون ماره می‌افتیم پائین!

Sara: Lieber Babak, ich bin hier; Ich klettere auf keine Leitern, und rutsche mit keinen Schlangenbissen *(Sie ahmt nach, was Babak getan hat)* fessss, mach unten hin. Okay?!

بابک: پس چه مرگته؟!

Sara: Das ist … Wo ist es? *(Sie hebt die Papier-Rakete vom Boden auf und zeigt mit ihr auf Babak)* Das ist mein Problem! … Eigentlich ist es …

بابک: (تظاهر می‌کند که نمی‌دانسته) آهاااان، … پس مشکل تو اینه!

Sara: Eigentlich ist es nicht mein Problem, sondern meine Bitte!

بابک: خواهش!!!

Sara: Ja; … kannst du bitte …

بابک: چه خواهشی، چه کشکی؛ مشکله دیگه! مشکلت اینه که …

Sara: Das … ist nur … eine Bitte!

بابک: نیست! … خواهش نیست؛ مشکله! مشکله، فقط داری با روغن "خواهش" چربش می‌کنی که دردش کمتر شه!

Sara: Warum machst du es so kompliziert?!

بابک: خودش به اندازه‌ی کافی پیچیده هست؛ نیازی نیست که من بخوام …

Sara: Das ist überhaupt nicht kompliziert. *(Sie versucht noch einmal, Babak das Formular zu geben)* Das ist auch nur ein Formulare, wie alle andere Formulare.

بابک: تو چرا این‌قد ساده‌ش می‌کنی؟! این کجاش مثل همه‌ی فرمای دیگه‌ست؟!

Sara: Es ist doch einfach genug! Ich brauche es nicht …

بابک: عجب! پس خودش به اندازه‌ی کافی ساده هست، نیازی هم نیست
که تو ساده‌ش کنی! ... خیلی خُب! *(بابک فرم را از سارا می‌گیرد. مکث)*
Und?!

Sara beobachtet Babaks Verhalten
und sieht ihn überrascht und dann
zweifelnd an.

سارا به رفتار بابک مشکوک شده و با
تعجب به او نگاه می‌کند.

Sara: *(Misstrauisch und enttäuscht)* Babak!!!

بابک: خُب! ... حالا باید چیکارش کنم؟!

Sara: *(Sie ist nun sicher, dass Babak nicht die Absicht hat, es auszufüllen*
und zu unterschreiben) Was macht man mit einem Formular?!

بابک: تا چه فرمی باشه!

Sara: Formular ist Formular!

بابک: پس همه‌ی فرما یکی‌ان!!!

Sara: Sicherlich!

بابک: اون‌وقت چیکارشون می‌کنن؟!

18

Sara: *(Immer noch misstrauisch und enttäuscht)* Also … sie füllen die wahrscheinlich zuerst aus, … und danach unterschreiben sie die! Bloß nur, wenn sie es wollen!

بابک: نه دیگه، نشد! فرمای دیگه که تکمیل و امضاء می‌شن، این همه عواقب و تبعات ندارن! … گرفتی؟! *(در حالی‌که با خونسردی، فرم را پاره می‌کند)* این فرمه رو فقط باید این‌طوری تکمیلش کرد! … *(هم‌زمان با آخرین مرحله از پاره کردن فرم)* اینم … امضاءش!

Während des letzten Dialogs zerreißt Babak das Formular und dann wirft er die zerrissenen Teile des Formulars in die Luft. Die Papierstücke schweben tanzend eins nach dem anderen auf den Boden.

بابک، که هم‌زمان با آخرین دیالوگ خود، فرمی که در دست داشت را پاره‌پاره کرده است، ریزریز شده‌ی آن را به هوا می‌ریزد. کاغذپاره‌ها رقص‌کنان، یکی پس از دیگری، بر صحنه می‌نشینند.

Sara: *(Sie schreit wütend)* Was zur Hölle machst du, du Irrer?!

بابک: *(او هم با فریاد خود، مقابله‌به‌مثل می‌کند)* آره من دیوونه‌م! دیوونه‌م ولی با همه‌ی دیوونگیم، می‌خوام زندگیمونو …

Sara: Das bist du doch! Ein Verrückter wird nicht unbedingt angekettet!

بابک: آره دیگه؛ آدم وقتی یه زنی مثل تو داشته باشه، بایدم آخرش یه روز با زنجیر ببندنش!

Sara: Halt die Klappe, du Dummkopf!

بابک: پس چی؟! من که دارم زندگیمو می‌کنم!

Sara: Bin ich daran schuld, wenn ein Verrückter wie du angekettet wird?!

بابک: من دیوونه رو با زنجیر ببندن، تقصیر تو نیست؟! پس تقصیر کیه؟! تو داریَ رو مُخ من ...

Sara: *(Wütender und lauter)* Dieses Formular brauchte nur eine Unterschrift; warum hast du es zerrissen?!!!

بابک: *(با فریاد)* هُش ش ش ش ... داد نزن؛ همسایه داریم!

Sara: Mir ist scheißegal, dass wir Nachbarn haben! Dieses Fomular brauchte nur ...

بابک: اینو که همین الان گفتی الاغ! اون فرمه فقط یه امضاء می‌خواست! خُب؛ فهمیدم؛ حالا که چی؟!

Sara: Warum hast du es denn zerrissen?!!!

بابک: *(با فریادی که به تدریج بلند و بلندتر می‌شود)* پاره‌اش کردم چون دلم خواست. پاره‌اش کردم چون مدتها بود چیزی رو پاره نکرده بودم. پاره‌اش کردم چون من اصولاً پاره‌کن پاره‌کن از مادر متولد شده‌ام. پاره‌اش کردم چون باید پاره‌اش می‌کردم. پاره‌اش کردم چون تا صد سال دیگه هم امضاءش نمی‌کردم. پاره‌اش کردم چون ...

Sara: *(Ironisch)* Na, was ist denn los?! Wir haben jetzt keine Nachbarn mehr; oder?! Sind sie umgezogen?!

بابک: *(هم‌چنان با فریاد)* گور پدر همسایه!

Sara: Guck mal Babak ... momentan ist unser Leben nur auf die Unterschrift dieses Formulars angewiesen, das du gerade zerrissen hast. Verstehst du?!

بابک: زندگی ما نه؛ زندگی تو؛ زندگی تو لنگِ یه امضاءست!

Sara: Ist mein Leben nicht deins?!!!

بابک: چرا، زندگی تو، زندگی منم هست؛ ولی اون قسمتش که لنگِ یه امضاءست، فقط مال خودته!

Sara: Wieso spielst du mit unserem Leben?!

بابک: من دارم با زندگیمون بازی می‌کنم؟!!!

Sara: Bestimmt; dann was machst du gerade?! Du, mit deinen Taten …

بابک: امضاء اون فرم لعنتی، یعنی (بخش‌بندی شده) پاشیدن زندگی ما از هم … اینو بفهم!

Sara: (Entschieden) Auf keinen Fall!!!

بابک: (قاطعانه) دقیقاً … دقیقاً همینه که من …

Sara: Welcher Idiot sagte, dass unser Leben zerstört wird, wenn du diese Zustimmung unterschreibst?!

Pause

مکث

بابک: (با تظاهر به تعجب) … Zustimmung! آهان؛ اینه … این … این رضایتنامه که الان گفتی، خیلی بهتر از فرمه!

Sara: Mann!!! Was ist der Unterschied?! Formular, Zustimmung, oder was auch immer!

بابک: نه دیگه؛ فرق می‌کنه، خییییلی هم فرق می‌کنه!

Sara: Warum spielst du mit den Worten?!

21

بابک: (در حالی‌که ناخواسته بیضه‌هایش را می‌خاراند) من با هیچی بازی نمی‌کنم؛ نه با کلمات، نه با زندگیمون، نه با هیچ چیز دیگه!

Sara: A doch; spielst du; du spielst mit den Worten, mit unserem Leben, *(Sie zeigt auf seine Hoden)* und auch mit allem, was dir sonst noch zur Verfügung steht!

بابک: (دست از خاراندن بیضه‌هایش می‌کشد) رضایتنامه با فرم فرق می‌کنه!

Sara: Das macht gar keinen Unterschied; die Zustimmung ist auch eine Art von Formular!

بابک: رضایتنامه، اسمش روشه؛ (بخشش می‌کند) رضایت ... نامه! یعنی باید رضایت داشته باشی تا بتونی اونو ...

Sara: Jede Zustimmung braucht ein Einversändnis?!

بابک: نداره؟!

Sara: Gut! Dann sei bitte einverstanden und unterschreibe es!

بابک: عمراً!

Sara: Wieso?!!!

بابک: چون همین یه برگ کاغذ، می‌تونه زندگی ما رو کلاً تغییر بده!

Sara: Was ist daran falsch?!

بابک: ایرادی نداره؟!

Sara: Nein; natürlich nicht!

بابک: یعنی هیچ مشکلی نداره!!!

Sara: *(Stärker)* Nein; ... ist eine Veränderung schlecht?!

22

بابک: من گفتم تغییر بَده؟!

Sara: Wenn jemand so sehr eine Veränderung verhindert, dann bedeutets dies, dass er …

بابک: من میگم وقتی شرایط زندگیمون خوبه؛ دیگه تغییر می‌خواد چیکار!

Sara: (Überrascht) Was?!!! Läuft unser Leben gut?!!!

بابک: چشه که خوب نیست؟!

Sara: Nehmen wir an, dass es gut läuft; gut und schön! Sollen wir nicht …

بابک: فرض کنیم که زندگیمون خوبه؟!!! خُب خوبه دیگه! مگه مرگ می‌خوای؟!!!

Sara: Aber vielleicht kann eine positive Veränderung es besser machen; warum denkst du nicht so?!

بابک: ببین سارا، … شرایط زندگی ما خوبه، هیییچ تغییری هم نیست که بتونه بهتر از اینش کنه. تمام!

Sara: Guck mal Babak, … wie du bin ich auch mit unserem Leben zufrieden; Okay?! Aber …

بابک: وقتی از زندگیت راضی هستی دیگه اما و اگر نداره که!

Sara: Ich habe gar keine „wenn" und „aber"!

بابک: نداری؟!!! همه‌ی حرفات اما و اگره!!!

Sara: Ich versuche nur, unsere Lebensbedingungen zu verbessern!

بابک: اون‌وقت میشه بگی دقیقاً با چی می‌خوای شرایط زندگیمونو بهتر کنی؟!

Sara: Womit?! Na, mit einer positiven Veränderung!

بابک: بعد احتمالاً اون تغییر مثبتی که تو دنبالش می‌گردی، تو همین فرمه که من جرّواجرش کردم نبود؟!

Sara: Vielleicht! Wer weiß?!

بابک: قطعاً نبوده!

Sara: Wer weiß?! Vielleicht stand diese positive Veränderung, die ich meine, genau in dem Formular, das du zerrissen hast; warum vorverurteilst du das?!

بابک: پیش‌داوری نمی‌کنم؛ تجربه‌ی من از زندگی بهم میگه که هیییییچ چیز مهمی تو اون فرمه نبوده!

Sara: Deine Lebenserfahrung?!!! Was sagt dir noch deine Lebenserfahrung?!

بابک: خیلی چیزای دیگه هم بهم میگه!

Sara: Zum Beispiel?!

بابک: مثلاً بهم میگه وقتی از زندگی مشترکت راضی هستی، دیگه بی‌خود و بی‌جهت، نرین بهش!

Relativ lange Pause
مکث نسبتاً طولانی

Sara: *(Ruhig)* Warum sollen wir nicht zusammen gehen?

بابک: (با تعجب) چی؟!!!

Sara: Ja; wieso sollen wir nicht zusammen zurückkehren?!

بابک: خیلی هم عالی!

24

Sara: Warum nicht!

بابک: (با خودش) من میگم نمیذارم بری، اون میگه خودتم بیا!

Sara: So wird auch unser gemeinsames Leben, wie du sagst,
nicht unnötig beschissen!

بابک: ریده نمیشه به زندگیمون؟!!! اونجوری که دیگه گه همهی زندگیمونو
ورمیداره!

Sara: Guck mal Schatzi, glaube nicht, dass es für mich einfach
ist, dich hier zu verlasssen und alleine zurückzukehren.

بابک: (با طعنه) جداً؟!!!

Sara: Ja, natürlich!

بابک: باز خدا رو شکر که ترک من برات راحت نیست و اینقد داری برا رفتن
زور میزنی!

Sara: Ich mache keinen Druck zu gehen.

بابک: پس برا چی زور میزنی؟!

Sara: Um einfach meine Ruhe wieder zu kriegen!

بابک: آره خُب راست میگی؛ اصلاً حواسم نبود! عین دستشویی دیگه؛ اونجام
به خاطر آرامش نباشه آدم زور نمیزنه که!

Pause
مکث

Sara: Was denkst du, woher „Ironie" kommt?! Ironie, Iraner;
Iraner, Ironie! Findest du nicht auch, dass das das Gleiche
ist?!

بابک: الان من طعنه زدم؟!

25

Sara: Du vergleichst meine Bemühungen, unser Leben zu ver-
bessern, wirklich mit dem „Versuch der Menschen, auf
der Toilette zu scheißen"?!

بابک: زور زدن زور زدنه، مقایسه‌ی منم خوب بود، زندگیمونم این‌جا تو ایران
حرف نداره! حله؟!

Sara: Nein! Wir leben dort besser; nicht nur ich, sondern auch
du!

بابک: (به نشانه‌ی مخالفت، سر می‌جنباند) من که همین‌جا جام خوبه؛ ...

Sara: Guck mal, ...

بابک: هم جام خوبه، هم راحتم، هم آرامش دارم، هم ...

Sara: Du liegst falsch; dort ist es anders! ... Komm mit; bitte!

بابک: یارو رو تو ده راه نمی‌دادن، سراغ خونه‌ی کدخدا رو می‌گرفت!

Sara: Was soll das heißen?!

بابک: چی یعنی چی؟!

Sara: Was du gerade gesagt hast: Jemand, der nicht ins Dorf ge-
hen darf, fragt, wo das Haus des Dorfältesten steht! Was
bedeutet das?!

بابک: ضرب‌المثله!

Sara: *(Mit sich selbst)* Sprichwort! ... *(Sie fragt Babak)* Was bedeu-
tet es?

بابک: (با اشاره به خودشان دو نفر) معنیش این‌جاست! من می‌گم بمون، تو
می‌گی خودتم بیا!

26

Sara: Ach so; … das bedeutet „zumuten"!

بابک: دقیقاً! توقع بی‌جا، تقاضای بی‌مورد، حرف بی‌خود، زر زیادی … کلی معنی دیگه هم داره که نگم که بهتره!!!

Sara: War jetzt meine Erwartung ungehörig?!

بابک: خییییلی بی‌جا بود!

Pause
مکث

Sara: Schau mal, mein Schatz, glaub mir, dort wirst du dich nicht schlecht fühlen.

بابک: به من هیچ‌جا بد نمی‌گذره!

Sara: Also … und noch was; Deutschland ist für dich kein fremdes Land mehr!

بابک: Fremdes Land کیلو چنده؛ اون‌جا وطن دوم منه!

Sara: Prima! Das ist doch wunderbar, dass du das dort als dein zweites Heimatland betrachtest!

بابک: خیلی عالیه که اون‌جا رو وطن دومم میدونم؟!

Sara: Findest du es nicht wunderbar?!

بابک: خُب هست دیگه؛ وطن دوممه! منظور؟!

Sara: Schön! Hier ist doch auch mein zweites Heimatland! Glaub mir! Du weißt, dass …

بابک: چی میگی؟! این‌جا وطن دوم توئه؟! وطن اول منه، اول تو دوم منه، دوم من اول توئه! چی می‌خوای بگی؟!

27

Sara: Ich will damit sagen, wir haben eine Zeitlang in deinem ersten Heimatland gelebt. Okay? Was ist, wenn wir eine Zeitlang auch in deinem zweiten Heimatland …

بابک: مگه نوبتیه، مگه ما کولیم، مگه سیستم چرخششیه که یه مدت تو وطن اول من بودیم، حالا یه مدتم بریم تو وطن دوم من بمونیم، بعدش …

Sara: (Überrascht) Habe ich gesagt, dass es nach der Reihe geht?! Habe ich gesagt, dass wir Zigeuner sind?!

بابک: پس چرا همین‌جا تو وطن دومت نمی‌کَپی اگه نوبتی نیست؟!

Sara: Bestimmt ist hier mein zweites Heimatland! … Aber ich … Ich kann wirklich nicht mehr …

بابک: (بدون توجه به گفته‌ی سارا، حرف خود را ادامه می‌دهد) اون‌وقت دیگه نه نیازی به رضایت همسر برا خروج از کشور داری، نه باید اسباب‌کشی کنی، نه به اعصاب من ریده می‌شه، نه مجبوری کلی هزینه کنی بری بلیط بگیری؛ (مرموزانه و با طعنه) البته اگه تا الان نگرفته باشی!!!

Sara: (Entschieden) Ich kann nicht!

بابک: معلومه که می‌تونی؛ … نمی‌خوای!

Sara: Natürlich will ich; ich kann aber nicht!

بابک: مگه ما حرف نزده بودیم؟!

Sara: Worüber?! Worüber haben wir gesprochen?!

بابک: در مورد چی حرف نزده بودیم!!!

Sara: Wieso sprichst du nicht deutlich?!

بابک: واضح‌تر از این؟!

Sara: *(Klar und verständlich)* Worüber haben wir gesprochen?!

بابک: اون همه قول و قراری که قبل از ازدواج ...

Sara: Welches Versprechen genau meinst du?!

بابک: قرار شد کجا زندگی کنیم سارا؟!

Sara: Ja, das ist richtig; wir haben ausgemacht, im Iran zu leben, weil du hier ein gutes Jobangebot hattest!

بابک: و زندگیمون الان با همون پیشنهاد کاريِ به قول تو خوب، داره می‌چرخه. نمی‌چرخه؟!

Sara: Ich nenne es „ein gutes Jobangebot“, weil du jetzt der Uni-Professor bist und unser Leben, wie du sagst, mit diesem guten Jobangebot auch gut läuft; aber ... hatten wir nicht auch noch eine andere Vereinbarung?!

بابک: قرار شد ازدواجمون اون‌جا باشه، زندگیمون این‌جا؛ دیگه داری دنبال چی می‌گردی؟!

Sara: Also bisher ist alles wie ausgemacht verlaufen; wir haben dort geheiratet, und wir leben hier!!!

بابک: تا الان، بله؛ ولی شما هنوز یه سال نشده داری دبه درمیاری! *(با خودش)* الان میگه دبه چیه؟!!!

Sara: Warte warte ... Bist du sicher, dass wir keine andere Absprache hatten?!

بابک: ببین، من کاری به قول و قراراي خُرد و ریزمون ندارم!

Sara: Kleine Absprachen?! Die Vereinbarung, von der ich spreche, ist aber auf keinen Fall ...

بابک: ببینم، ... تو خیلی تاج و تور دوست داری؛ آره؟!

Sara: Brautkleid?!!!

بابک: آره؛ دوست داری؟!

Sara: *(Überrascht)* Mag ich das Brautkleid?!!!

بابک: آخه قرار بود یه جشن کوچیکم تو ایران بگیریم که خودت دیدی ...

Sara: Nein; ich meinte ...

بابک: خودت دیدی خان عمو چه‌جوری دقیقه‌ی نود گذاشت زمین، رید به همه‌چی!

Sara: Ich meinte aber nicht unser zweites Hochzeitsfest im Iran, das wegen des Todes deines Onkels abgesagt wurde!

بابک: پس جون بکن ببینم منظورت چیه!

Pause

مکث

Sara: Okay! ... Dann erinnerst du dich nicht daran!!!

بابک: ببین سارا، قرار بوده محل سکونت ما ایران باشه و خلاص!

Sara: Leben wir momentan nicht im Iran?!!!

بابک: چرا؛ ولی هنوز یه سال نشده، داری ...

Sara: Darf ich dich was fragen?

بابک: سؤالت احمقانه نباشه، چرا نمی‌تونی بپرسی!

Sara: Es ist keine blöde Frage!

بابک: هست؛ احمقانه‌ست، ولی بپرس!

Sara: Warum erinnerst du dich nur an die Versprechen, die zu deinen Gunsten sind?!

بابک: قول و قرارائی که به نفع تو بوده رو من یادم رفته؟!

Sara: *(Überrascht)* Hast du nicht die Versprechen vergessen, die zu meinen Gunsten sind?!!! Du hast alles vergessen, was zu meinen …

بابک: خُب شما یادم بنداز!

Sara: Natürlich werde ich dich daran erinnern!

بابک: بنداز دیگه؛ یادم بنداز. فعلاً که بنداز بندازه!

Pause

مکث

Sara: Haben wir nicht auch vereinbart, dass ich arbeiten darf?!

بابک: همین؟! … هی یادت رفته یادت رفته، می‌خوام یادت بندازم، همین بود؟!

Sara: Ist das nicht wichtig?!

بابک: اهمیت نداره؟! داره، اتفاقاً خیلی هم داره!

Sara: Gut; also …

بابک: الان شما اجازه نداری کار کنی؟!

Sara: Darf ich?! Darf ich meinen eigenen Job …

بابک: نداری؟! تو الان اجازه نداری …

31

Sara: Warte warte warte; *(Sehr deutlich und überrascht)* ... darf ich meinen eigenen Kurs haben?!

بابک: الانو نمی‌دونم اجازه داری کلاس *(با تقلید حرکت سارا و تأکید بر مالکیت صرفِ کلاس)* خودتو داشته باشی یا نه؛ ... ولی قبلاً داشتی؛ نداشتی؟!

Sara: Natürlich hatte ich nicht!

بابک: پس اونی که داشتی کلاس رقص عمه‌ی من بود؟!

Sara: Nein; was ich hatte, war nicht der Tanzkurs deiner Tante!

بابک: پس کلاس رقص کی ...

Sara: Das war überhaupt kein Tanzkurs!!!

بابک: آره، اسماً باشگاه ورزشی خانوما بود؛ ولی ...

Sara: Was ist der Unterschied?!

بابک: چی چه فرقی می‌کنه؟!

Sara: Das Schild des Tanzkurses oder des Fitnessstudios; was ist der Unterschied?! Das spielt keine Rolle; das war definitiv nicht mein Problem!

بابک: منم کاری به تابلوش ندارم؛ توش چیکار می‌کردید؟! ... ورزش؟! ... شما تو اون باشگاه ...

Sara: Nein; wir haben dort nicht trainiert, aber das war ...

بابک: همون دیگه؛ توش ورزش نمی‌کردید، چون اصلاً باشگاه ورزشی نبود!

Sara: Das war aber sehr komisch; und du weißt es auch!

بابک: مسخره بودنش که دیگه مشکل من نیست!

Sara: Es war definitiv nicht dein Problem, aber … das war so abwegig!

بابک: بابا از هیچ که بهتر بود! خانوما می‌اومدن قرّش میدادن، تو هم کاسبیتو می‌کردی دیگه! زده‌ی جمعش کرده‌ی، حالا اومده‌ی یقه‌ی منو چسبیده‌ی که …

Sara: Nein; auf keinen Fall! „Nichts“ war viel besser wie das!

بابک: به هر حال، شما از نظر من، نه تنها مجازی کلاس رقص داشته باشی، بلکه اجازه داری تو خونه هم هر روز از سر صبح تا بوق سگ، برقصی؛ اون‌قد برقصی که دیگه نفست بالا نیاد!

Sara: Erlaubst du?! Und was bringt mir deine Erlaubnis?!

بابک: ببین، من نمی‌دونم اجازه‌م به دردت می‌خوره یا نمی‌خوره؛ من فقط می‌تونم …

Sara: Ja, das ist auch mein eigenes Problem! *(Mit sich selbst)* Wie viele Probleme habe ich!!!

بابک: من فقط می‌تونم به عنوان شوهرت، نظر شخصیمو بگم، که گفتم! … بعدشم، شما مگه خودت کلاستو تعطیل نکردی؟! دیگه چی میگی؟!

Sara: Doch; ich habe meinen Kurs selbst stillgelegt. Und?!

بابک: خُب می‌خواستی نکنی. تازه داشت کارت می‌گرفت.

Sara: Du weißt wirklich nicht, warum ich meinen Kurs geschlossen habe?!

بابک: خُب محدودیت داشتی، جمعش کردی؛ به من چه!!!

Sara: Ganz genau! Ich hatte diese komische Auflage, habe den Kurs stillgelegt und habe die richtige Entscheidung getroffen!

بابک: همین محدودیتها رو مام تو کارمون داریم؛ می‌رینیم بهش؟!

Sara: Eure Auflagen sind was anderes, Herr Professor!

بابک: چه فرقی می‌کنه؟!

Sara: Es ist ganz anders!

بابک: هیچ فرقی نمی‌کنه! تئاترم عین رقص، رقصم عین تئاتر؛ هر دوتاشون یه ...

Sara: Was vom Theater ist wie der Tanz?!!!

بابک: چرا دیگه بابا؛ از سر تا پای دوتاشون فقط نکبت و بدبختی ...

Sara: Hier im Iran, ja; beide sind gleicher Mist!

بابک: نکبت نکبته؛ ایران و آلمان نداره که!

Sara: *(Überrascht)* Babak?!!!

بابک: *(با همان لحن سارا)* کوفت!!!

Sara: Ihr nennt den Tanz nicht einmal beim Namen!

بابک: الان مشکل تو اینه؟!

Sara: Aber ihr nennt den Tanz „Die harmonischen Bewegungen"! Das Theater wird zumindest mit seinem eigenen Namen genannt! ... *(Mit übertriebener Überraschung)* Die harrrrmonische Bewegungen?!!!

بابک: الان تو مشکلت اینه که ما به رقص می‌گیم حرکات موزون؟!

Sara: Nein!

34

بابک: یعنی به خاطر این، باشگاه رو تعطیل کردی؟!

Sara: Nein!

بابک: چون ما به رقص می‌گیم حرکت موزون، داری زار و زندگیتو جمع می‌کنی برگردی آلمان؟!

Sara: Nein, Nein, Nein! Sagte ich, dass ich mein Studio still-gelegt habe, weil der Tanz hier im Iran die harmonischen Bewegungen heißt?! Nein; auf keinen Fall!

بابک: پس چی؟!

Sara: Was bedeutet es, dass ich nur einen Tanzkurs für Frauen haben darf?! Das ist aber gar keine …

بابک: آره عزیزم؛ این‌جا باشگاه ورزشی، استخر، کلاس رقص، مدرسه، همه‌ش دخترونه پسرونه داره؛ خُب؟! شما خودت اشتباه کردی!

Sara: Wo? Wo genau habe ich mich geirrt? Sag es mir!

بابک: اشتباهت اون‌جا بود که کلاس رقصتو تعطیل کردی، فقط به خاطر اینکه کلاسه مختلط نبوده!

Sara: Aber ich konnte es nicht!!!

بابک: خیلی خُب؛ وقتی نمی‌تونستی، …

Sara: Ich konnte nicht einfach dabei zusehen, dass nur Frauen an meinem Tanzkurs teilnehmen dürfen!

بابک: خُب وقتی نمی‌تونستی، دیگه نق‌نقت چیه؟!

Sara: Hast du keine eigenen Grundsätze in deinem Beruf?!

بابک: معلومه که تو کار، اصول خودمو دارم!

35

Sara: Kannst du darauf verzichten?!

بابک: بله! لازم شه، دو پایی میرم روشون!

Sara: Würdest du wirklich deine beruflichen Grundsätze mit deinen beiden Füße zertreten, wenn es nötig wäre?!

بابک: آره؛ اگه نتیجه‌ی کارم بهتر بشه، چرا زیر پا نذارمشون!

Sara: Wenn das Ergebnis deiner Tätigkeit besser wird!!!

بابک: Ja, natürlich ... و البته دانشجو هم از سر و کلّم بالا نره‌ها؛ اینم بگم!

Sara: Also wenn das Ergebnis deiner Tätigkeit besser wird und die Studenten dich nicht ausnutzen, kannst du deine …

بابک: آره بابا، آره! سرویسمون کردی! بیار! شما همین الان اصول حرفه‌ای منو بیار، تا دوپایی روشون بگردم!

Sara: Ich kann es aber nicht!

بابک: نتون عزیزم؛ نتون!

Sara: *(Selbstgespräch)* Wie kann man seine …

بابک: گفتم که؛ شما نتون! خیلی هم خوب کاری می‌کنی که نمی‌تونی! (شمرده شمرده) این‌جا ولی ایرانه!

Sara: Weiß ich nicht selber, dass das hier der Iran ist?!

بابک: یه کشور مسلمون‌نشین!

Sara: Aber nicht jeder hier ist ein Muslim!

بابک: ما ولی هستیم؛ مسلمونیم، اعتقادات مذهبی خودمونم داریم. خود تو مگه مسلمون نیستی؟! (مکث. سارا ظاهراً جوابی ندارد که بدهد. بابک که سکوت سارا را می‌بیند، خودش ادامه می‌دهد) یا نکنه پشیمون شده‌ای!

Sara: Was habe ich bereut?!

بابک: از این‌که مسلمون شده‌ای!

Sara: Was soll das, Babak?!!!

بابک: حرفات آخه بوی پشیمونی میده!

Sara: Ich bin nicht Muslim geworden, nur damit ich dich heiraten kann; das habe ich schon tausendmal gesagt!

بابک: به خاطر من اگه نبوده، پس با قلبت مسلمون شده‌ای.

Sara: Ja; mit meinem ganzen Herzen!

بابک: خُب وقتی با همه‌ی قلبت مسلمون شده‌ای، دیگه دلیلی نداره که ...

Sara: Das kann ich nicht, Babak; ... ich kann es wirklich nicht!

بابک: چیو نمی‌تونی؟!

Sara: Ich habe mich so sehr bemüht, ich habe mich eingearbeitet, habe mich qualifiziert, und habe endlich mein Zertifikat erhalten.

بابک: تو که باز حرف خودتو می‌زنی!

Sara: Natürlich sage ich, was ich selber denke! Erwartest du, dass ich die Worte eines anderen ausspreche?!

Ihr Hin-und-her-Reden eskaliert schrittweise und verliert allmählich an Freundlichkeit.

کم‌کم بحثشان بالا گرفته و به تدریج از حالت دوستانه خارج می‌شود.

بابک: نمی‌تونم، زحمت کشیدهم، دوره دیدهم، مدرک گرفته‌م! اینا رو که بابا هزار بار تا حالا گفته‌ی؛ حالا هی دوباره ...

Sara: Ich werde das auch noch tausendmal wiederholen; ich habe mich sehr bemüht, habe mich eingearbeitet, habe mich ...

بابک: صبر کن ببینم؛ تو قبل از این‌که بیای ایران، نمی‌دونستی این‌جا به رقص میگن حرکات موزون؟!

Sara: Nein!

بابک: نمی‌دونستی؟!!!

Sara: Sagte ich, dass es mir wichtig ist, ob ihr den Tanz „die harmonischen Bewegungen" nennt?!!!

بابک: پس نمی‌دونستی، اهمیتی هم نداره!!!

Sara: Ist es wichtig?! Ist das wichtig?!

بابک: ولی می‌دونستی که این‌جا کلاس‌های رقص مختلط نیستن!

Sara: Am Anfang nein; da wusste ich es nicht!

بابک: اوایل نمی‌دونستی، بعداً که من همه رو برات توضیح دادم!

Sara: Danach ja; du hast es mir erklärt. Was soll ich jetzt ...

بابک: دقیقاً چیا بهت گفتم؟!

Sara: *(Sie hat keine Lust mehr)* Du hast mir klargemacht, dass bei den Tanzkursen Männer und Frauen getrennt sind.

بابک: همین؟!

Sara: Keine Ahnung; ich denke du hast auch gesagt, dass manche Fitnessstudios auch Tanzen beibringen, aber heimlich.

بابک: پس اینم گفتم که بعضی باشگاهها اسماً ورزشیاَن، ولی در اصل کلاس رقصن!!!

Sara: Ja, hast du gesagt; du hast es auch gesagt!

بابک: آره خُب گفتم که رفتی یکیشو ساختی و بعدم ریدی بهش دیگه! ... ... دیگه چی گفتم؟! Und was noch?!

Sara: Ich weiß nicht!

بابک: نمیدونی!!!

Sara: Keine Ahnung; ich erinnere mich nicht mehr, was du mir sonst noch erzählt hast!

بابک: پس یادت نمیآد!!!

Sara: Nein! Du redest viel und ich kann nicht alles von dem ...

بابک: *(عصبانی)* من زیاد حرف میزنم؟!

Sara: Du plapperst viel und was du plapperst, hat meistens gar keine ...

بابک: شما چرا چیزایی که به نفعت نیستو یادت نمیمونه؟!

Sara: Ich vergesse nichts mit Absicht!

بابک: عمداً یا سهواً، یادت میره؛ به نفعت که نباشه ...

Sara: Auf gar keinen Fall!

بابک: می‌خوای یادت بندازم؟!

Sara: Es gibt nichts, woran du mich erinnern musst!

بابک: هست!

Sara: Es gibt keine!

بابک: هست؛ خیلی چیزا هست که یادت نمونده، چون ...

Sara: *(Immer noch wütend und nervös)* Ich dachte nie, dass es so
wäre! Verstehst du?!

بابک: فکر نمی‌کردی چه‌جوری باشه؟!

Sara: Meine Vorstellung war falsch; total falsch; falsch falsch
falsch! Ich dachte, dass ich hier ...

بابک: آهان *(با انگشت، بشکنی به نشانه‌ی یافتن نکته‌ای مهم می‌زند)* ... همین!

Sara: Was?!

بابک: همین! خییییلی عالی شد!

Sara: Was ist wundervoll?!

بابک: خیلی عالی شد، چون من همینو می‌خواستم!

Sara: Wolltest du das?! Was wolltest du?! Dass ich gerade dir ...

40

بابک: همینی که الان گفتی؛ دقیقاً همینو می‌خواستم!

Sara: Wolltest du genau das?! Wolltest du nur hören, dass meine Vorstellung davon, wie man im Iran arbeitet, falsch gewesen ist?!!!

بابک: آره؛ می‌خواستم از زبون خودت بشنوم که تصورت از کار کردنِ تو ایران اشتباه بوده!

Sara: Und was bringt es dir, wenn meine Idee, im Iran zu arbeiten, falsch gewesen ist?!!!

بابک: چی گیر من میاد؟! تبرئه می‌شم!

Sara: Wovon wirst du freigesprochen?

بابک: از نقض قول و قراری قبل از ازدواج! ... از این‌که قرار بوده اجازه‌ی کار داشته باشی، و داری؛ فقط این تصورات خودت بوده که حالا اشتباه از آب دراومده. دیگه من این وسط ...

Sara: Das ist mir überhaupt nicht wichtig, ob ich wegen deines Wortbruchs nicht außerhalb des Hauses arbeiten darf, oder ob ich nicht außerhalb des Hauses arbeiten kann, weil meine Vorstellung davon, im Iran zu arbeiten, falsch gewesen ist! Es ist mir einfach wichtig, dass ich jetzt ...

بابک: پس اشتباه اشتباهه، من و تو هم نداره!!!

Sara: Genau! Mein Fehler, dein Fehler; was ist der Unterschied?! Es ist mir nur wichtig, dass ich jetzt ...

بابک: شما عاقلی، بالغی، ادعات کون خرو پاره می‌کنه؛ من که نباید تاوان اشتباهات تو رو ...

41

Sara: Ich sage es noch einmal; und werde es auch noch hundert Mal wiederholen: Das ist mir egal. Es ist mir nur wichtig, dass ich jetzt …

بابک: هی میگه اهمیتی نداره! به دَرَک که اهمیتی نداره!

Sara: *(Immer noch wütend)* Das ist aber tatsächlich nicht das Wesentliche; es ist mir einfach nur wichtig, dass ich bis zu diesem Moment – aus welchen Gründen auch immer – nicht meinen Lieblingsjob ausüben darf!

بابک: جدّی؟! شغل دلخواهتو نداری؟!

Sara: Nein; natürlich habe ich das nicht!

بابک: به جهنم! می‌خوام که صد سال سیاه نداشته باشیش!

Sara: Ja, das ist auch vermutlich mein eigenes Problem!

بابک: معلومه که مشکل خودته!

Sara: Ja, ich habe es geahnt!

بابک: *(با خودش)* سگ بشاشه به اون شغل دلخواهت، که روزگار ما رو همین شغل دلخواه تو …

Sara: Das macht dir Spaß, oder?!

بابک: خوشحال میشم؟! جیگرم حال می‌آد!

Sara: Würde es dir auch Spaß machen, wenn der Hund auf meinen Lieblingsjob pinkeln würde?!

بابک: پس چی که خوشحال میشم! اگه بهش برینه که دیگه نورِ النوره؛ روحمم شاد میشه!

Sara: Sag mal; du kannst ernsthaft nichts anderes tun, als andere Leute zu beleidigen; oder?! Du kannst gaaar nichts …

بابک: Nein … هیییییچ کاری جز توهین کردن ازم برنمیاد! خوبه؟! راحت شدی؟!

Sara: Ja, ich sehe schon! Du kannst nur …

بابک: خُب چیکار کنم وقتی حرف حساب تو گوشت نمیره؟!!!

Von diesem Moment an, sprechen sowohl Sara als auch Babak – mit zunehmendem Zorn und ohne das Recht des anderen auf Rechenschaft und Verteidigung zu respektieren – nur für sich selbst und achten gar nicht mehr darauf, was der andere sagt. Dieser gleichzeitige Monolog beider Charaktere ist so unübersichtlich, dass die meisten Wörter im Trubel ihrer Diskussion unverständlich werden, und deswegen versteht das Publikum nichts – außer ein paar Wörtern – von allem, was jeder Charakter sagt.

از این لحظه، هم سارا و هم بابک – با عصبانیتی فزاینده، و بدون رعایت حق پاسخگویی و دفاع طرف مقابل – فقط حرف خودشان را زده و هیچ توجه‌ای به گفته‌های دیگری نمی‌کنند. این گفتگوی هم‌زمان دو شخصیت، به گونه‌ای‌ست که بیشتر کلمات در همهمه‌ی دعوا و مرافعه‌ی شخصیت‌ها گم شده و لذا مخاطب هم واقعاً چیزی – به جز چند کلمه از گفته‌های هر شخصیت – را متوجه نمی‌شود.

Sara: Du warst dein ganzes Leben so. Zumindest seit ich dich kenne und mit dir zusammen lebe, warst du immer so; eigensinnig, trotzig und störrisch, egoistisch und unlogisch! Du warst noch nie ein Teilhaber meines Leidens. Du warst noch nie so vertrauenswürdig, dass man sich auf dich verlassen kann. Du wolltest noch nie eine Last von meiner Schulter nehmen. Mein Fehler, dein Fehler, wenn die beiden verschieden wären, kann man dieses Leben nicht mehr als Zusammenleben bezeichnen! … *(Ausdrücklich)* Zusammenleben! Was bedeutet das Zusammenleben?! Das heißt, sowohl Männer als auch Frauen sind Partner in allem; in ihren Erfolgen und Niederlagen; in den richtigen und falschen Entscheidungen ihres Lebens; sie sind Teilhaber in allem. Verstehst du?! Nein, natürlich verstehst du es nicht! Wenn du das verstehen könntest, hätten wir nicht jetzt so gleichzeitig – bla bla bla – miteinander reden! Wenn du das verstehen könntest, würdest du einen Moment deine Klappe halten und nur zuhören, was ich dir sage! Ich bin hier gelähmt; ich bin hilflos geworden; ich kann gaaar nichts tun; überhaupt nichts! Verstehst du?! Nein, natürlich verstehst du es nicht! Ich war dumm! Ich war dumm und dachte, dass hier im Iran, nur der Name des Tanzes etwas anderes ist; ich wusste aber nicht, dass dein Fuß bei der geringsten Bewegung, auf der roten Linie sein wird! Ich kann nichts anderes machen; habe auch gar keine anderen Fachkenntnisse; ich bin mit dem Tanz und der Tanz ist mit mir! Ich kann nur einige junge Leute zusammenbringen und ihnen Tanz beibringen! … Oh, das tut mir leid; *(Ironisch)* ich kann ihnen harmonische Bewegungen beibringen! … Ich habe gelernt, zu tanzen und meinen Schülern das Tanzen beizubringen. Ich habe auch gelernt, dass meine Schüler in allem gleich sind! Ich habe nie gelernt, die Mädchen mit einem Auge und die Jungen mit einem anderen Auge zu sehen! Jetzt aber bin ich an einen Ort gekommen, an dem ich total eingesperrt bin; ich bin an einer Stelle, an der meine beiden Hände und Füße gebunden sind; und niemand kann mit gebundenen Händen und Füßen tanzen! … Trotzdem bin ich aber glücklich; sehhhr glücklich! Ich bin glücklich, weil alle wissen, dass niemand mit gebundenen Händen und Füßen tanzen kann. Jedoch bin ich auch gleichzeitig unglücklich! Ich bin unglücklich, weil anscheinend nur eine Person auf der ganzen Welt es nicht verstehen kann, und er ist unglücklicherweise mein Mann! *(Sie zeigt auf Babak)* Das ist er; der Ehemann, den ich mag; der Ehemann, den ich liebe, und der Ehemann, ohne den ich nicht leben kann. Der Ehemann, der mein Partner sein sollte, allerdings ist er es eigentlich nicht. Solange ich auf der Autobahn des Lebens war, doch, da war er mein Partner! Aber jetzt, wo ich auf den Schlaglöchern meines Lebes bin, hat er seine Hände in die Hüfte gestemmt und macht gaaar nichts für mich! Er steht nur da und schaut zu; er schaut nur zu, wie ich mich von Moment zu Moment in meinem verdammten Leben festgefahren habe!

بابک: *(هم‌زمان با شروع منولوگ قبلیِ سارا، و با عصبانیتی که هر لحظه بیشتر و بیشتر می‌شود)* می‌خواستی تمام عمرم مثل کی باشم الاغ؟! خُب مثل خودمم دیگه! تو مثل کی هستی؟! خودِ تو مثل کی هستی؟! … هیچ‌کدوم از اینایی که گفتی هم‌منِ من نیستم؛ من نه لجبازم، نه یه‌دنده‌ام، نه خودخواهم، نه بی‌منطقم. اتفاقاً اینا همه خصوصیات بد اخلاقیِ خودته که داری به من می‌چسبونیشون … دیگه باید چیکار می‌کردم که شریک درد و رنج زندگیت باشم؟! … کی گفته؟! مگه من پشتیِ صندلیتم که بهم تکیه بدی؟! اصلاً کی گفته که زن باید به مردش تکیه کنه؟! اونم تو؛ تو که ادعات همیشه خودکفایی و رو پای خودت وایمیستی! … برو بابا؛ من خودم عینِ خرِ تو گل گیر کردم؛ کی می‌خواد بار از رو دوش خودم ورداره! اصلاً مگه من شوهرتم یا حمالت، که تو هی فرت و فرت بار بیهوده بذاریِ رو شونه‌هات و من از اونجا ورشون بذارم رو دوش خودم؟! … اصلاً این‌طوری نیست! به هیچ عنوان! هر کسی رو تو گور خودش می‌خوابونن؛ اشتباه تو برا خودته، اشتباه منم برا خودم … زندگیِ مشترک یعنی این‌که آدما مسئولیت تصمیماتی که می‌گیرن رو بندازن گردن شریک زندگیشون؟! کدوم احمقی همچین گهی خورده؟! … موفقیت؟! کدوم موفقیت؟! مگه تو موفقیتی داشته‌ی که من بخوام توش

باهات شریک باشم یا نباشم؟! ... والله به پیر به پیغمبر از وقتی که انگشتمو تو این حلقه‌ی لعنتی فرو کردم، چیزی به عنوان موفقیت از تو ندیدم که ندیدم؛ فقط شکست بوده، اشتباه بوده، تصمیمات احمقانه بوده، کارای نسنجیده بوده؛ منم که یه خط در میون توشون باهات شریک شدم. دیگه چیکار کنم؟! ... چرا من؟! چرا من ساکت شم ببینم تو چی میگی؟! خب تو چرا یه لحظه خفه‌خون نمی‌گیری ببینی شوهرت چی میگه یا چی می‌خواد؟! ... این‌جا همینه؛ این‌جا همینه، هیچ کاریشم نمیشه کرد. وقتی با یه ایرونی ازدواج می‌کردی باید فکر این‌جاشم می‌کردی. من ایرونی‌ام، تو هم اینو می‌دونستی. می‌دونستی، بهتَم که پیشنهاد ازدواج دادم، با کلّه قبول کردی. دَندت نرم، نمی‌کردیْ! قرارم نبوده من ایرونی، زن آلمانی بگیرم بعد پاشم برم تو الجزایر زندگی کنم که! ... این‌جام مثل هر کشور دیگه‌ای مقررات خودشو داره. تو باید چشتو وا می‌کردی، ببینی کدوم جهنم‌درّه‌ای داری میری. باید می‌فهمیدی تخصصت چیه، کارت چیه، داری میری کجا زندگی کنی. این‌قدم هی به من نگو نمی‌فهمی نمی‌فهمی؛ خودت هیچچچی حتی از زندگی خودتم نمی‌فهمی! ... ضمناً تو تخصصت رقصه؛ تخصص من رقص نیست؛ من نمی‌تونم با هر سازی که تو میزنی برقصم! می‌فهمی؟! معلومه که نمی‌فهمی! اگه می‌فهمیدی، نه تو الان مجبور بودی این‌قد فک بزنی، نه به من مجبور بودم حرفای صدتا یه غاز تو رو گوش بدم! *(ناگهان با تعجب بسیار و البته با لحنی تحقیرآمیز)* چی؟!!! ... کی؟!!! تو؟!!! تو شوهرتو دوست داری؟! عاشقشی؟! این عشقه؟! تو به این میگی عشق؟! روح و روان منو فرسوده کرده‌ی، اعصاب برا من نذاشته‌ی، نه حرف تو گوشت میره، نه ...

Babak unterbricht plötzlich seine Rede und nach einer kurzen Pause schreit er wieder und diesmal, lauter als voher. Sara schweigt mit seinem Schrei. Babak redet allein und laut weiter. Sara schweigt jetzt, allerdings ist sie immer noch so wütend, dass ihre Hände zittern. Sie ist einerseits wütend und schweigt andererseits, weil sie sich scheinbar Sorgen um Babaks Gesundheit macht.

بابک ناگهان حرفش را قطع کرده و
پس از مکثی کوتاه، مجدداً – و این‌بار
بلندتر از قبل – فریاد می‌زند. با فریاد
او، سارا ساکت شده و او به تنهایی ادامه
می‌دهد. سارا اگرچه حالا دیگر ساکت
است، ولی هم‌چنان آن‌قدر عصبانی‌ست
که دستانش از عصبانیت می‌لرزد. او از
یک‌سو عصبانی‌ست و از سوی دیگر،
طوری ساکت شده است که گویا نگران
سلامتی بابک هم هست.

بابک: ‌(عصبی و آشفته، با روانی پریشیده و بیمار) چیکار کنم؟! چیکار می‌تونم
کنم؟! Was kann ich tun?! Jedes Land hat seine eigenen !؟
...Gesetze! نداره؟! همون آلمان، مگه قانون خودشو نداره؟! والله داره،
سفت و سخت‌ترشم داره! خُب این‌جام رقص آزاد نیست؛ یا لااقل رقصی که
توش دختر و پسر با هم وول بخورن، مجاز نیست! چیکارش میشه کرد؟!
Stattdessen können hier freie Dinge sein, die in Deutschland
verboten sind! خُب تو هر خراب‌شده‌ای یه چیزایی آزاده، یه چیزایی هم
قدغنه دیگه! والله هر بچه‌ای اینو میدونه! از من انتظار داری چه غلطی کنم؟!
می‌خوای یه تنه کل قوانین این مملکتو عوض کنم تا خانم بتونه این‌جا
بمونه؟! Möchtest du, dass ich alle Gesetze می‌خوای؟! آره، می‌خوای؟!
؟!!! dieses Landes für dich ändere مبارزه‌ی مسلحانه چطوره؟! خوبه؟!
Ein echter bewaffnete Kampf; mit einem Maschinengewehr
und ein paar Granaten und einer explosiven Weste! Was
sagst du?! مسلسل ورمی‌دارم، کل نماینده‌های قانون‌گذار مجلسو می‌بندم
به رگبار، تا دیگه کسی تخم نکنه از این قوانین دست‌وپاگیر وضع کنه!
Was denkst du?! Wenn ich alle Abgeordneten ها، چی میگی؟!
töte, werden die nächsten Abgeordneten erstehen, dass sie
keine Gesetze verabschieden sollten, die meine Frau nicht
mag! ‌(مکث) اصلاً ببینم؛ چرا خودسوزی نکنم Jaaa, ich verbrenne
mich! Das ist vieeel besser als alles, was ich dir gesagt habe;
تو میان که بعدی‌های نماینده‌ها ... findest du nicht?!
مجلس، براشون درس عبرت نشه و بازم قوانینی وضع کنن که
خانم من دوست نداره، اون‌وقت چه خاکی تو سرمون بریزیم؟! همون
خودسوزیه خیلی بهتره! آره؛ بنزین می‌ریزم رو خودم و جلو کلاس

47

رقصت که حالا اون یارو شیکم گنده‌تش کرده‌تش مزون عروس، خودمو
Wenn ich mich vor deinem ehemaligen !آتیش می‌زنم
hätte, würden alle wissen, dass Tanzstudio verbrannt
„Bewegungen Harmonische" niemand mehr den Tanz
nennen darf! ... آره، خودشه؛ وقتی خودمو جلو مزون عروس اون !!!
یارو گنده‌به‌که آتیش زدم، همه میدونن که زندگی ما داشته به خاطر
استفاده از عنوانِ مجعولِ حرکات موزون به جای واژه‌ی اصیل و پرمغز
رقص، نابود میشده! می‌خوام ببینم بعدش بازم کسی جرأت داره به رقص
بگه حرکات موزون! ... (مکث) ... صبر کن ببینم (کمی فکر می‌کند)
می‌خوای برم ...

Sara: *(Sie unterbricht Babak laut)* Ja, ich will! ... *(Etwas ruhiger)*
Ich möchte, dass du gehst ... und deine Tabletten ein-
nimmst! ... Genau jetzt! Das ist alles, was ich im Moment
von dir erwarte! ... *(Flehentlich)* Ich bitte dich!

*Relativ lange Stille. Beide beruhi-
gen sich allmählich.*

سکوت نسبتاً طولانی. هر دو به تدریج
آرام می‌شوند.

بابک: شوخی میکنی؟!

Sara: Mache ich Witze?!

بابک: می‌خوای برم قرصامو بخورم؟!

Sara: Möchtest du sie nicht einnehmen?!

بابک: باید بخورم؟!

Sara: Sollst du es nicht?!

بابک: (حالا دیگر با لحنی کاملاً تلطیف شده) آخه چرا؟! چرا باید اون قرصا رو
بخورم؟!

Sara: Weil es dir nicht gut geht!

بابک: به‌خدا حالم از تو یکی خیلی بهتره!

Sara: Geht es dir besser als mir?! Du hattest aber vor einigen Sekunden ...

بابک: خیلی دوسِشون داری؟

Sara: Was mag ich so sehr?!

بابک: قرصا رو! دوسِشون داری؟

Sara: Mag ich die Tabletten?! Sind sie Smarties?!

بابک: اسمارتیز که نیستن، ولی اگه خیلی دوسِشون داری می‌تونم بهت ...

Sara: Das sind deine Tabletten Babak! Dein Arzt hat sie dir verschrieben; für die Zeiten, wenn du rastet oder nervös wirst!

بابک: عصبی بودن یا نبودن من، هیییچ ربطی به خوردن و نخوردن این قرصا نداره سارا!

Sara: Bedeutet das, dass es dir besser geht, seit du deine Tabletten nicht mehr einnimmst?!

بابک: بهتر نباشم، بدترم نیستم. به هر حال دیگه نمی‌خوام به اون قرصای کوفتی تکیه کنم!

Sara: آره ارواح عمه‌ت!

Pause

مکث

بابک: تو هم از زبون فارسی، فقط همین ״آره ارواح عمه‌ت״و یاد گرفته‌ی!

Sara: Das war der erste persische Satz, den ich gelernt habe!

بابک: بفرما؛ آخه من از کسی که یادگیری زبون فارسی رو با جمله‌ی ״آره ارواح عمه‌ت״ شروع کرده، چه انتظاری می‌تونم داشته باشم!

Sara: Ja, weil du den so oft wiederholt hast!

بابک: به آلمانی چی میشه؟!

Sara: Was bedeutet auf Deutsch was?! ... "آره ارواح عمهت؟!"

بابک: آره! اصلاً معنی میده؟!

Sara: Also ... *(Mit sich selbst)* „Ja, die Geister deiner Tante"! *(Sie grinst)* Das ist nur eine Redensart und bedeutet, dass du Quatsch sagst! Deutsche Bedeutung aber ... nein ... hat es keine!

بابک: عوضش تا دلت بخواد تو فارسی معنی داره!

Sara: Ja, das weiß ich! Wie "گُه خوردم" ... *(Mit Abscheu)* Ich habe Scheiße gegessen?!!! Aber warum sagt ihr das?!!!

بابک: بیچاره صابخونه‌ی فرزاد فکر کرده بود فرزاد واقعاً گُه خودشو خورده!

Sara: Ja, ich erinnere mich! Aber warum sagt ...

بابک: *(با تأکید بر کلمه‌ی "کاربرد")* اینم اصطلاحه، اتفاقاً تا دلتم بخواد تو فارسی کاربرد داره!

Sara: Und warum hat Farzad schon seinem Vermieter gesagt „Ich habe Scheiße gegessen"?!

بابک: فرزادم فرزاده دیگه؛ مُخش تاب داره.

Sara: Aber warum hat er ...

بابک: *(کمی بی‌حوصله)* چه می‌دونم؛ لابد می‌خواسته یارو بحثشو تموم کنه!

Sara: Ach so, „Ich habe Scheiße gegessen" bedeutet dann: „Ich verzichte darauf, meine Behauptung oder meinen Standpunkt zu begründen"!

بابک: Ja genau ... فقط اون بیچاره احتمالاً یا نخواسته یا خواسته ولی نتونسته مثل الان تو، به آلمانی بگه: (اِدا درمی‌آورد؛ خیلی رسمی و محترمانه) "من از اثباتِ ادعا یا دیدگاهم صرف نظر می‌کنم"! ... البته که "گُه خوردم" لامصب یه چیز دیگه‌ست برا خودش؛ مختصر و مفید و پرمغز!!!

Sara: Und danach hat sein Vermieter dich angerufen?

بابک: آره بابا. یارو زنگ زد گفت آب دستته بذار بیا این‌جا که فرزاد دیوونه شده؛ میگه رفته‌م گُهِ خودمو خورده‌م!

Sara: Oh, nein! Er dachte, Farzad ist verrückt geworden, weil seine eigene Scheiße gegessen hat?!!!

Sara spielt vor, sich zu übergeben.

سارا اَدای عُق زدن و بالا آوردن را درمی‌آورد.

بابک: مَرده یه طوری نگاه فرزاد می‌کرد، انگار فرزاد سوسکه! گفتم آخ که الان وسایلشو می‌ریزه کف خیابون!

Sara: *(Sie lacht)* Nein! Er durfte ihn nicht rausschmeißen; das ist seine eigene Scheiße gewesen! Denn selbst wenn er so etwas gegessen hat, hat er gegessen, was ihm gehörte!!!

بابک: برعکسش داستان داریوش بود دیگه!

Sara: Umgekehrt?!!!

بابک: آره مگه یادت رفته؟!

Sara: Was bedeutet, dass es umgekehrt war?!

بابک: برعکس، یعنی این‌که یه ایرونی، یه اصطلاح آلمانی رو بد متوجه بشه.

Sara: Ach sooo! Dariusch hat eine deutsche Redewendung nicht richtig verstanden!

بابک: Jawohl.

Sara: Und?

بابک: بهت گفتهم ماجراشو که!

Sara: Nein; ich hätte mich daran erinnert, wenn du es mir ge-
sagt hättest!

بابک: دوست دخترش میاد پیشش، می‌بینه خیییلی ناراحته.

Sara: Die Freundin von Dariusch?

بابک: آره؛ امیلی.

Sara: Okay; Emily kommt zu Dariusch und sieht, dass er sehr
traurig ist! Und?

بابک: کمالم اون‌وقتا همخونه‌ی داریوش بود.

Sara: Welcher Kamal? ... Ach so; der lange und glatzköpfige
Junge; oder?

بابک: Genau.

Sara: War er Dariuschs Mitbewohner?

بابک: اون‌وقتا آره.

Sara: Ah okay. Dann ist Kamal auch dabei gewesen. Und?!

بابک: نگو یکی دو ساعت قبلش، از ایران به داریوش زنگ زده‌ن که مادرش مرده.

Sara: Oh nein; war Dariuschs Mutter tot?!

بابک: آره، حالا صبر کن!

Sara: Oh, armes Schwein! Ihm wurde telefonisch mitgeteilt, dass seine Mutter tot sei; gerade als in Deutschland war!

بابک: (با نیشخند) ای بابا؛ تو هم که همونو میگی!

Sara: Was habe ich gesagt?!

بابک: صبر کن! ... امیلی می‌پرسه چی شده؟!

Sara: Hat Emily Dariusch gefragt oder Kamal?!

بابک: از داریوش می‌پرسه، ولی چون ناراحت بوده، کمال می‌پره وسط که آره، مادرش به رحمت خدا رفته!

Sara: Kamal sagte Emily, dass Dariuschs Mutter gestorben ist. Und danach?!

بابک: بعدش امیلی ...

Sara: (Überrascht) Oh nein!!! ... Und Emily sagte vermutlich: „Oh, armes Schwein!" Wie ich das gerade gesagt habe; oder?

بابک: دقیقاً ... کمال میگه همین که امیلی گفت "آخی، خوک بیچاره!" ، داریوش چشاش رفت کلّه‌ی سرش، دستشو برد بالا که محکم بزنه تو گوش دختره ... که من پریدم دستشو گرفتم!

Sara: Neieiein!!! Wollte er sie schlagen?!

بابک: آره خُب؛ فکر می‌کرد دختره به مادرش گفته خوک!

Sara: (Sie lacht) Nein; das ist aber nur eine Redewendung!

بابک: خُب نمی‌دونسته بیچاره؛ بعداً کمال بهش میگه بابا این اصطلاحه!

Sara: Wo ist er momentan?

بابک: کی؟ داریوش؟

Sara: Nein, Kamal.

بابک: فرایبورگه.

Sara: Echt?! Wohnt er in Freiburg?!!! *(Sie beneidet ihn)* Schön für ihn!

بابک: زیادم همچین خوش به حالش نیست!

Sara: Es ist doch sehr schön für ihn!

بابک: غربت، غربته، فرایبورگ و دویسبورگ و ولفسبورگ نداره که!

Sara: Was soll das heißen?!

بابک: چی was soll das heißen!?

Sara: Dass er in einem fremden Land lebt!

بابک: خُب تو غربته دیگه!

Sara: Er ist aber trotzdem zufrieden! Dort zu sein und zu leben, bedeutet, dass er zufrieden ist!

بابک: نمیشه گفت چون اون‌جا مونده، پس راضیه! بعضی وقتا آدم مجبور میشه که یه جا بمونه، ولی ...

Sara: *(Sie kokettiert)* Babak?!

بابک: باز چی تو کلّه‌ته؟!

Sara: Was?! Ich habe aber noch nichts gesagt!!!

بابک: Ja, aber wenn du mich so anschreist, heißt das jedes Mal dass du schlechte Gedanken in deinem Kopf hast! لحنِ من تو رو نشناسم، به جای تدریس تو دانشگاه، باید برم آبادان یه دکه بزنم، فلافل بفروشم!

Sara: Guck mal mein Schatz, alle deine Freunde sind in Deutschland geblieben und …

بابک: نگفتم؟!!! … خُب؛ بعدش؟! دوستام همه موندن آلمان، دارن چی؟! دارن زندگیشونو می‌کنن، پس منم باید برگردم اون‌جا؛ آره؟!!!

Sara: Du musst das nicht, aber warum nicht?! Warum …

بابک: چرا که چی؟!

Sara: Warum kehren wir nicht zurück?!

بابک: چرا برگردیم؟!

Sara: Weil dort unser Leben viel besser sein kann!

بابک: زندگیمون این‌جا چشه که بخوایم بهترش کنیم؟

Sara: Ich sagte nicht, dass unser Leben hier nicht gut ist!

بابک: نگفتی خوب نیست، ولی گفتی بهترش کنیم؛ چه فرقی می‌کنه!

Sara: Du kannst dort, in Deutschland, ganz einfach …

بابک: تو واقعاً منو با کمال مقایسه می‌کنی؟!

Sara: Ich vergleiche dich nicht mit Kamal.

بابک: مستقیم نه، ولی داری مقایسه می‌کنی دیگه!

Sara: Angenommen, ich vergleiche dich mit Kamal; ist das so schlimm?!

بابک: بد نیست؛ احمقانه‌ست!

Sara: Was?! Was ist daran idiotisch?!

بابک: احمقانه‌ست، چون یه آرایشگر، خودشه و قیچی و شونه‌ش!

Sara: Okay, seine Werkzeuge sind seine Scheren und Kämme, und du sagst auch immer, dass deine Werkzeuge deine Bücher und Mitschriften sind. Was ist daran idiotisch?!

بابک: خسته نباشی؛ احمقانه‌ترش کردی که!

Sara: Und wie genau ist das idiotischer?!

بابک: احمقانه‌تر شد، چون جزوه‌ها و کتابای منم با قیچی و شونه‌ی آرایشگری مقایسه کردی!

Sara: Ich vergleiche nicht deine Bücher mit den Scheren der Friseure. Ich meine nur, dass du einfach selbst es wollen sollst, und dann wirst du dort die unglaublichsten Möglichkeiten haben.

بابک: آفرین! کافیه خودم بخوام! خُب؟! ... ولی نمی‌خوام!

Sara: Warum denn nicht?!

بابک: کمال آرایشگره. آرایشگرجماعت، خودشه و قیچیشه و شونه‌شه و ...
(خودسانسوری می‌کند) الله‌اکبر!!!

Sara: Das hast du gerade eben gesagt! Natürlich haben die Friseure ihre eigene Scheren und Kämme! Was hast du gegen die Friseure?!

بابک: مشکل؟! کدوم مشکل؟! من میگم آرایشگرا، شغلشون آزاده.

Sara: Selbständiger oder unselbständiger Beruf; spielt doch keine Rolle!

بابک: وااای؛ سارا! ... شغل آزاد و غیرآزاد فرقی نمی‌کنه؟! آرایشگری با استادی دانشگاه یکیه؟!

Sara: Sag es du mir; ... was ist der Unterschied zwischen dir als einem Universitätsprofessor, und Kamal als einem Friseur?!

بابک: فرقش اینه که یه آرایشگر، با قیچی و شونه‌ش می‌افته در بخت موهای مشتری، هر چی هم اون بیچاره بگه یا نگه، آرایشگره همون بلایی که خودش می‌خواد سر موهای طرف بیاره رو میاره! ایران و آلمان و اکوادور و تایلندم نداره!

Sara: Du meinst, dass ein Friseur keine perfekte deutsche Sprache braucht, aber an der Universität zu lehren ...

بابک: بحث من، فقط بلد بودن زبان آلمانی نیست.

Sara: Und was noch?!

بابک: مدرک! ... ارزشیابی مدارک!

Sara: Anerkennung?! Du hast dort studiert und alle deine Dokumente stammen von einer deutschen Universität; warum musst du ...

بابک: بله، مدارک من از همه از آلمان صادر شدن، ارزشیابی هم نمی‌خوان.

Sara: Na was sagst du dann noch?!

بابک: این‌جا؛ ایران؛ بحث من ارزشیابیِ این‌جاست!

Sara: Meinst du hier im Iran?!!!

بابک: آره، کلی زحمت کشیدهم تا اینجا مدارکمو ارزشیابی کردهن.

Sara: Okay; du hattest einige deutsche Zertifikate, die hier im Iran anerkannt wurden. Du hast doch nichts verloren!

بابک: همین؟!

Sara: Was dann?!

بابک: چیزی از دست ندادهم چون یه سری مدارک از اونجا داشتهم، اینجا ارزشیابیشون کردهم؛ همین!!!

Sara: Wenn du die Möglichkeiten der Arbeit meinst, … das ist eine Ausrede!

بابک: بهونه میارم؟!

Sara: Na klar!

بابک: بابا منو اینجا از صدتا صافی ردم کردهن تا تونستهم عضو هیئت علمی شم!

Sara: Also, da wirst du auch eine Arbeit finden!

بابک: (با طعنه) اونجام عضو هیئت علمی میشم!!!

Sara: Ja; warum nicht?!

بابک: به همین راحتی!!! خونهی خالهست!!!

Sara: Nein, nicht so einfach, aber du kannst es werden! Du kannst!

بابک: (عصبانی است، ولی خودش را کنترل میکند) بس کن سارا! (ادای سارا را درمیآورد) تو میتونی!

Sara: Natürlich kannst du! Ich bin ganz sicher! … *(Pause)* Glaub mir Bab, das spielt keine Rolle, in welcher Stadt, ich möchte nur …

بابک: (با طعنه) عجبا! … پس شهرشم مهم نیست!

Sara: Nein; auf keinen Fall! Ich möchte nur …

بابک: یعنی هر دانشگاهی تو هر شهری که به من کار بدن، میریم همون‌جا زندگی می‌کنیم!

Sara: Ganz genau … In jeder Universität in jeder Stadt, an der du einen Job findest; dann werden wir dorthin umziehen und dort leben.

بابک: پس شما یه زحمتی بکش!

Sara: Was soll ich tun?!

بابک: شما تو محاسباتت، شهرو بکنی کشور، مشکل حلّه!

Pause

مکث

Sara: *(Sie schüttelt hoffnungslos ihren Kopf)* Nein, … ich kann es nicht!

بابک: نمی‌خوای!

Sara: Zufällig ist es mir sehr wichtig, in welchem Land ich lebe! Jedoch wenn wir in Deutschland wären, … spielt es keine Rolle mehr, in welcher Stadt!

بابک: بی‌خیال زن! من تازه تو کارم جا افتادهم، تازه دارم پیشرفت می‌کنم، سال دیگه همین موقع، مدیرگروهم. چرا باید …

Sara: Du wirst dort auch deinenLlieblingsjob finden, wirst Karriere und Fortschritte machen und …

بابک: (ناگهان حرف سارا را قطع می‌کند) امضاء می‌کنم! ... Ich werde
unterschreiben!

Lange Pause. Sara vertraut ihm nicht.

مکث طولانی. سارا به گفته‌ی بابک اعتماد ندارد.

Sara: Was?!!!

بابک: امضاء می‌کنم!

Sara: Wovon sprichst du?!!! Was möchtest du unterschreiben?!!!

بابک: هر چی که تو بخوای!

Sara: *(Überrascht)* Alles, was ich möchte?!!!

بابک: هر جا که تو بگی رو من امضاء می‌کنم! خوبه؟!

Sara: *(Lustlos und ungläubig)* Bitte, sei ernst Babak! Was möchtest du unterschreiben?!

بابک: فرم؛ فرم رضایتنامه!

Sara: *(Sie vertraut ihm immer noch nicht und möchte es sicher stellen)* Welche Zustimmung?!

بابک: ای بابا؛ رضایتنامه‌ی خروج دیگه!

Sara: Ausreisegenehmigung für wen?! Von wo?!

بابک: فرقی نمی‌کنه؛ خروج همسر از کشور، کشور از همسر، ...

Sara: *(Sie ahmt die Geste von Babak nach)* Die Ausreise der Ehefrau aus dem Land, das Land aus der Ehefrau, … *(Pause)* Ist das dein neues Spiel?!!!

بابک: بازی جدید کدومه؛ کاملاً دارم جدّی می‌گم!

Sara: Heißt das, du stimmst zu, dass ich als deine Ehefrau den Iran verlassen darf!!!

بابک: دقیقاً به عنوان همسرت، رضایت میدم که تو از این کشور خارج شی!

Sara: Und was machst du selbst?!

بابک: خودم چی؟!

Sara: Kommst du auch mit?!

بابک: نه دیگه؛ خودم که همین‌جا ...

Sara: *(Sie schmollt)* Oh nein! Warum?! Bitte Babak …

بابک: خواهش نکن! ... خواهش نکن، چون من نمیام! من نمیام، شمام میری یه سر به مامان و بابات میزنی و برمی‌گردی! خوبه؟!

Pause

مکث

Sara: Was?!!! *(Sie grinst ihn an)* Darf ich nur kurz meine Eltern besuchen gehen und wieder zurückkehren?!

بابک: بَده؟!

Sara: *(Ironisch)* Nein, ist das schlimm?! Das ist wunderbar! … Jedoch gibt es nur eine sehr kurze Frage!

بابک: بپرس.

61

Sara: Was würde passieren, wenn ich nicht zurückkehre?!

بابک: برمی‌گردی!

Sara: Wenn! … Was wirst du dann tun, wenn ich nicht zurück-
kehre?!

بابک: دِ نه دیگه! من به شما اعتماد می‌کنم، شمام میری و برمی‌گردی!

Sara: *(Immer noch ironisch)* Das ist wunderbar! Also du vertraust
mir, oder?!

بابک: اعتماد می‌کنم دیگه! چرا داری به شَکّم میندازی؟!

*Sara ist so sehr auf Babak wütend,
dass sie ihre Wut nicht mehr ver-
bergen kann.*

*سارا خیلی از دست بابک عصبانی شده
و نمی‌تواند بیش از این عصبانیتش را
مخفی کند.*

Sara: *(Wütend)* Gibst du mir Urlaub?!!!

بابک: نمی‌دونم اسمش مرخصیه یا چیه، ولی … خُب میری یه سر آلمان و
برمی‌گردی دیگه!

Sara: Gehe ich kurz nach Deutschland und komme wieder zu-
rück?!!! Machst du Witze?!!!

بابک: خُب نرو اگه دوست نداری!

Sara: Bin ich deine Gefangene, dass du mir Urlaub geben möch-
test?!!!

بابک: نه تو زندونی هستی، نه این مرخصیه؛ من فقط می‌خوام که تو …

Sara: Aber warum beleidigst du mich?!!! Du darfst nicht …

بابک: (هنوز عصبانی نشده و عجالتاً فقط بی‌حوصله است) ببین، من نه بهت توهین می‌کنم، نه دارم بهت مرخصی میدم. زندونی هم نیستی.

Sara: Doch! Was für ein hässliches Spiel, dass du da mit mir …

بابک: (با عصبانیتی هم‌چنان کنترل شده، بخش‌بندی می‌کند) سا … را!!!

Sara: (Mit sich selbst) Scheiße!

بابک: سارا جان، … بذار زندگیمونو بکنیم؛ خُب؟!

Sara: Unser Leben?!!! Das ist aber nur dein Leben!!!

بابک: (کم‌کم از کوره در‌می‌رود) این زندگی … زندگی تو هم هست!

Sara: Auf keinen Fall! Was ist mein Anteil an diesem Leben?! Sag mir das mal!

بابک: (او هم حالا دیگر عصبی شده است) سهم تو؟! سهم تو از این زندگی، روح و روان منه، که بیست‌وچهارساعته داری گند می‌زنی بهش!

Sara: Und tust du das nicht auch mit meiner Seele?!

بابک: کدوم مردی می‌تونه رو اعصاب زنش راه بره که من دومیش باشم؟! شما زنا …

Sara: Du! Du bist ein Mann, der seine Frau nervös machen kann!

بابک: واااای! آخه تو چه مشکلی داری زن؟!

Sara: Welches Problem habe ich?!!!

بابک: آره خُب حرف بزن ببینم دردت چیه!

Sara: Mein Leben hier ist total problematisch, Babak!

بابک: یه طوری حرف می‌زنی یکی ندونه، فکر می‌کنه گروگان گرفتنت!

Sara: Es gibt keinen wesentlichen Unterschied mit einer Geisel-
nahme!

بابک: *(متوقعانه)* فرقی نداره؟!!! یعنی فقط چون اجازه نداری کلاس رقص دختر-
پسری داشته باشی، زندگیت شبیه گروگانگیریه؟!!!

Sara: Ist hier mein einziges Problem der Tanzkurs?!!!

بابک: خُب جون بکن ببینم دیگه چه مرگته!

Sara: Warte warte! ... Warum willst du mich nicht verstehen?!

بابک: می‌خوام حرفتو بفهمم؛ ولی نمیشه؛ نمیشه، چون تو خودتم نمی‌دونی
حرف حسابت چیه!

Sara: *(Sie macht eine Faust und beginnt zu zählen. Sie öffnet einen
Finger für jeden Satz)* Du lebst in deinem eigenen Land, ...

بابک: خُب تو مملکت خودم زندگی کنم! تو هم خودت خواستی که تو مملکت
من زندگی کنی!

Sara: *(Sie achtet nicht auf die Aussagen von Babak, und redet weiter)*
Hast deine eigene Karriere, ...

بابک: آره شغل خودمو دارم! خوب بود اگه بیکار بودم؟!

Sara: Hast dein eigenes Leben, ...

بابک: زندگی خودمو دارم؟!!! این‌قد زندگیتو از زندگی من جدا نکن سارا؛ ما مثلاً
بلانسبت زن و شوهریم!

64

Sie muss jetzt darauf achten, was ihr Mann sagt. Deswegen unterbricht sie ihre Aussage und antwortet Babak.

سارا مجبور می‌شود به گفته‌های بابک توجه کند و به خاطر همین، صحبت‌های خودش را قطع کرده و جواب بابک را می‌دهد.

Sara: *(Sie beginnt wieder zu zählen und diesmal schließt sie einzelnen Finger wieder zu, bis ihre Hand wieder eine Faust macht)* Ich trenne mein Leben nicht von deinem, noch beneide ich deinen Beruf, und ich bin auf keinen Fall sauer, dass du in deinem eigenen Land lebst! Okay?! … Ich sage nur, nichts Schlimmes wird passieren, wenn du auch ein bisschen – nur ein bisschen – mich, mein Leben und die Einschränkungen verstehst, die ich hier habe! Einfach das!

بابک: *(با نیشخند، به خودش)* عجب! حالا دیگه بهونه‌ش شد محدودیت!

Sara: Die Einschränkungen, die ich habe, sind keine Ausreden; sondern Realität!

بابک: محدودیت همه‌جا هست.

Sara: *(Überrascht)* Gibt es überall Einschränkungen?!

بابک: دقیقاً؛ همیشه، همه‌جا و برا همه‌کس، محدودیت وجود داره؛ فقط نوعش فرق می‌کنه.

Sara: Was soll das, Mann?! Sind die Einschränkungen für alle, immer und überall?!

بابک: Genau… محدودیت نه ایران و آلمان داره، نه قبل از انقلاب و بعد از انقلاب حالیشه، نه زن و مرد می‌شناسه.

Sara: آره جون عمهت! … (Sie weist auf ihr Kopftuch) Trage du nur eine Woche lang dieses Kopftuch und dann wollen wir mal sehen, wie sich deine Ansicht geändert hat!

بابک: (با تعجب بسیار) جان؟!!! روسری سر کنم تا محدودیت زنا رو بفهمم؟!!!

Sara: (Sie gibt vor, dass sie ihr Kopftuch öffnen und es Babak geben möchte) Nur zwei drei Stunden und nur zuhause; einfach, um zu verstehen, dass es gar nicht einfach ist!

بابک: (با طعنه) فقط دو سه ساعت!!!

Sara: Ja!

بابک: (همچنان با طعنه و هر لحظه عصبانی‌تر) اونم تو خونه!!!

Sara: Ja!!

بابک: فقط به اندازه‌ای که بفهمم اصلاً کار راحتی نیست!!!

Sara: Ja!!!

بابک: میشه بپرسم الان چه اتفاق بخصوصی افتاد که دردت، یهو شد روسری؟!

Sara: (Mit Betonung auf d „neu") Ist das Kopftuch mein neues Problem?!!!

بابک: افتخار می‌کنی که روسری برات مشکل جدیدی نیست؟!!!!

Sara: Ich bin nicht stolz, dass das Kopftuch mein altes Problem ist; aber …

بابک: پس چی؟!

Sara: Ich bin nicht stolz, ich hatte aber eigentlich immer ein Problem mit dem Kopftuch!

بابک: تو خجالت نمی‌کشی؟!!!

Sara: Warum?! Wofür soll ich mich schämen?!!!

بابک: زن مسلمونه و حجابش؛ ... انتظار داشته‌ی ...

Sara: *(Sie unterbricht Babaks Worte mit Ungeduld)* Kannst du bitte mich nie wieder fragen, ob ich es bereue, dass ich Muslimin geworden bin?!!!

بابک: وقتی عین آدمای پشیمون حرف میزنی، چرا نباید بپرسم؟!

Sara: Weil du mich vorher tausendmal gefragt hast!

بابک: هر هزار بارشم گفته‌ی با افتخار دینتو عوض کرده‌ی!

Sara: Ja; ich bin mit Ehre und von ganzem Herzen eine Muslimin geworden!

بابک: پس دیگه چی میگی؟!

Sara: Ich sage nur, dass es für mich nicht einfach ist, das Kopftuch zu tragen. Ich habe das Gefühl zu ersticken; besonders im Sommer!

بابک: هیچ‌کس تا حالا با روسری گذاشتن خفه نشده که تو دومیش باشی!

Sara: Also vielleicht werde ich nicht wirklich ersticken, aber wenn ich in meinem eigenen Land wäre, dürfte ich meine eigene Religion haben und gleichzeitig alles tragen, was ich möchte.

بابک: هیییچ ربطی نداره؛ ... همون‌جام خیلی از زنای تُرک و عرب، روسری میذارن!

Sara: Dort aber darf ich ohne Kopftuch mit arabischen und tür-
kischen Frauen leben, die das Kopftuch tragen; oder?!

*Babak wird etwas nervös. Er macht
eine Pause und holt tief Luft.*

بابک کم‌کم عصبی می‌شود. او مکثی
کرده و نفس عمیقی می‌کشد.

بابک: میشه تمومش کنی؟!

Sara: *(Überrascht)* Warum soll ich es beenden?!

بابک: چون من نمی‌خوام ...

Sara: Wir reden einfach miteinander!

بابک: در این یه مورد نمی‌خوام حرف بزنم!

Sara: Aber wieso?!

بابک: چون قبلاً هزار بار در موردش حرف زده‌ایم!

Sara: Und in all den vorangegangenen tausend Malen hast du
nicht zugelassen, dass unsere Diskussion mit einem Ergeb-
nis geendet hat!

بابک: (عصبی‌تر) آخه به من چه که اون‌جا بی‌حجاب و باحجاب کنار هم زندگی
می‌کنن! بابا این‌که دیگه رقص و حرکات موزون نیست؛ قبل از این‌که زن
من شی، نیومده بودی این مملکتو ببینی؟!

Sara: *(Sie wird auch, wie Babak, nervös)* Doch; zweimal; zweimal
bin ich hierher gekommen und habe dieses Land besucht.
Aber ...

بابک: دیگه ولی نداره که! اون‌وقتا روسری خفه‌ت نمی‌کرد؟! یا نکنه روسریا الان
قوی‌تر شده‌ن، خانوما رو خفه می‌کنن!!!

Sara: Nein; die Kopftücher sind nicht stärker geworden, um die Frauen zu ersticken!

بابک: چرا قبول کردی این‌جا زندگی کنی؟!

Sara: Damals auch: Als ich das Kopftuch getragen habe, hatte ich das Gefühl zu ersticken.

بابک: (با طعنه و هم‌چنان عصبانی) پس چرا الان داری میگی اگه همون موقع هم روسری داشته خفه‌ت می‌کرده؟!

Pause

مکث

Sara: Guck mal Babak, ... ich bin Muslimin geworden. Okay?

بابک: مسلمون نمی‌شدی که اصلاً نمی‌تونستیم ازدواج کنیم!

Sara: Das stimmt ... Wenn ich keine Muslimin geworden wäre, hätten wir nicht heiraten können; ich habe jedoch nicht deswegen meine Religion gerändert.

بابک: این‌که با همه‌ی قلبم مسلمون شدم و بهش افتخار می‌کنم و ... ، اینا همه‌ش حرفه؛ باید در عمل، مسلمون باشی!

Sara: Bin ich in der Praxis keine Muslimin?! Bete ich nicht?! Faste ich nicht?!

بابک: چرا؛ هم نماز می‌خونی، هم روزه می‌گیری. ولی مسلمون بودن فقط به ...

Sara: Tamkin!

بابک: چی؟!!!

Sara: Tamkin! ... Gehorsamkeit! *(Lustlos)* Jetzt willst du wieder eine Rede über die Gehorsamkeit halten; oder?!

بابک: (با تظاهر به تعجب) عجب! پس تمکینم می‌شناسی!

Sara: Ich kenne sie und auch als eine muslimische Frau gehorche ich meinem Mann!

بابک: (با تعجب) نه!!! ... تو به عنوان یه زن مسلمون، از شوهرت تمکین می‌کنی؟!

Sara: Tue ich es nicht?!!!

بابک: تو تمکین می‌کنی؟! پس چرا من نمی‌بینم؟!

Sara: Jetzt, gerade in diesem Moment: Sag mir, dass es dir wichtig ist, dass ich das Kopftuch trage, dann mache ich es auch!

بابک: من بگم روسری گذاشتن تو برام مهمه؟!!!

Sara: Ja; sag mir, dass es dir wichtig ist, dann werde ich das Kopftuch tragen und ich werde nicht das Gefühl haben zu ersticken!

بابک: خُب تو که همین‌جوریشم روسری میذاری!

Sara: Ja, ich trage es; das ist aber der Zwang der Gesellschaft!

بابک: (بی‌حوصله) حالا جبر جامعه یا هر چی! حجاب داری، روسری می‌پوشی دیگه!

Sara: Mein Thema bist du, Babak! ... Du – als mein Ehemann – sag mir ehrlich, dass mein Kopftuch dir wichtig ist, damit ich dir gehorche!

بابک: تمکین می‌کنی!!!

Sara: (Entschieden) Hundert Prozent!

بابک: یعنی من بگم روسری برام مهمه، تو تمکین می‌کنی!!!

Sara: Ja, aber das Kopftuchtragen ist dir egal, und du weißt es auch!

بابک: یعنی من اگه بگم روسری بذار، تو میذاری، قید رفتنِ به آلمانم می‌زنی!!!

Sara: (Entschieden) Nein; natürlich nicht!!!

بابک: پس الان کی بود داشت در مورد تمکین کردن زرزر می‌کرد؟!

Sara: Wann sagte ich, wenn du es möchtest, werde ich meine Entscheidung aufgeben zu gehen?!!!

بابک: تمکین تمکینه؛ حالا می‌خواد در مورد حجاب باشه یا هر کوفت و زهرمار دیگه؛ چه فرقی می‌کنه!!!

Sara: Wenn alle Lebensentscheidungen von Männern getroffen werden, wäre das nicht mehr Gehorsamkeit; das ist dann diktatorisch!

Pause. Babak versucht, seine Wut zu kontrollieren.

مکث. بابک می‌کوشد تا عصبانیتش را کنترل کند.

بابک: هییییچ اهمیتی نداره که اسمش دیکتاتوریه یا تمکین! ... خُب؟! (شمرده شمرده) ما همین‌جا می‌مونیم و تو همین کشور زندگی می‌کنیم، چون همه‌ی کار و زندگی من این‌جاست ... و چون قبلاً در موردش با هم حرف زده‌یم ... و چون بعد از این‌که در موردش با هم حرف زده‌یم، اتفاقاً به توافقم رسیده‌یم ... اصلاً هم مهم نیست که تو روسری دوست داری یا توسری!

Sara: Das ist genau, was ich sagte; diktatorisch! (Sie ahmt Babak nach) Wir werden hier bleiben, wir werden nirgendwo hingehen, hier ist meine Arbeit, hier ist mein Leben, ich ich ich, ...

بابک: (بی‌اعتنا به سارا، ادامه می‌دهد. بخش‌بندی شده) با این حال، ... با این حال، من درکت می‌کنم و می‌دونم چقد بده که تو با روسری احساس خفگی بهت دست میده!

Schweigen

سکوت

Sara: *(Sehr überrascht)* Nur das?!!!

بابک: کمه؟!

Sara: *(Immer noch überrascht)* Du verstehst mich nur, dass ich am Ersticken bin?!!!

بابک: بَده که درکت می‌کنم؟!

Sara: Nein; es ist nicht schlimm! Aber wie kann es für jemanden, der erstickt, wichtig sein, ob er von anderen verstanden wird oder nicht?!

بابک: کاش تو هم درک می‌کردی!

Sara: Wann hätte ich dich verstehen sollen und es nicht getan?!

بابک: (باز هم بی‌اعتنا به سؤال سارا، ادامه می‌دهد؛ این بار ولی بسیار با احساس) کاش درک می‌کردی که تو با روسری احساس خفگی می‌کنی، ... من بدون تو!

Pause. Sara ist zutiefst betroffen und den Tränen nahe.

مکث. سارا که سخت تحت تأثیر قرار گرفته، بغض می‌کند.

Sara: Deshalb liebe ich dich!

بابک: به خاطر این دوسم داری؟! Deshalb liebst du mich?! Nur weil ... ich mich ohne dich erstickt fühle?!!!

72

Sara: Nein; ... ich liebe dich, weil du sagst ehrlich alles, was in deinem Herzen vorgeht!

بابک: حرف دلمو نزنم چیکار کنم!

Sara: Männer sagen aber sowas oft nicht!

بابک: پس ما نامردیم دیگه، اگه مردا از این حرفا نمی‌زنن!!!

Sara: Ich sagte „oft"; ... sie sagen das oft nicht!

بابک: حالا "اغلب از این حرفا نمی‌زنن" باز یه خرده بهتره!

Sara: *(Sie ist den Tränen nahe)* Du bist übrigens ein richtiger Mann; ein perfekter und liebenswerter Mann!

بابک: (احساسی، ولی با غروری مردانه) می‌دونی سارا، ... من ... من واقعاً بهترین روزای عمرمو با تو داشته‌م!

Sara: Ich auch mein Schatz ... Du warst das beste Geschenk, das ich je erhalten habe!

بابک: نه بابا!!!! من هدیه بوده‌م؟!!!

Sara: Warst du das nicht?!!!

بابک: هدیه‌ی کی بوده‌م اون‌وقت؟! مادرم؟!

Sara: Deine Mutter ist doch die Beste; ... du warst aber Gottes Geschenk!

بابک: (با تعجبی ساختگی، لبی ورچیله و سری می‌جنباند. در باطن ولی قند توی دلش آب شده است) پس من هدیه‌ی خدا بوده‌م و خودم نمی‌دونسته‌م؟!

Sara: *(Jetzt sind ihre Augen einigermaßen feucht. Mit sich selbst)* Karma!

بابک: چی؟!!!

Sara: Karma Babak, Karma; glaubst du es nicht?!

بابک: حالا دیگه نمی‌خواد به "کارما" بچسبونیش!

Sara: Ja, Bab! Ich habe definitiv irgendwann, irgendwo, etwas Gutes für jemanden getan, dafür hat Gott dich auf den Weg meines Lebens gebracht!

Pause

مکث

بابک: عجب! پس شما یه روزی، یه جایی، یه کار خوبی در حق یه نفر انجام داده‌ی و بعدش ...

Sara: Vielleicht!

بابک: بعدش خدا منو بهت داده!

Sara: Bestimmt!

بابک: خُب چرا یه روز دیگه، یه جای دیگه، یه کار خوب دیگه در حق یه نفر دیگه انجام نمیدی؟!

Sara: *(Sie wischt sich mit den Händen die Tränen ab)* Warum noch etwas Gutes?! Damit Gott mir noch einen anderen Babak gibt?!

بابک: یه بابک دیگه که عمراً بهت بده!

Sara: *(Scherzhaft)* Vielleicht gibt er den mir! Wer weiß!!!

بابک: آخه اگه بخوادم نمی‌تونه؛ چون نیست! بابک فقط یه دونه‌ست *(با اشاره به خودش)* که اونم ...

Sara: *(Sie kokettiert mit weiblichem Schabernack)* Jaaa, ich bin mir sicher, dass du einzigartig bist, mein Schatz!

بابک: حالا می‌خوای یه کار خوب دیگه هم انجام بدی یا نه؟!

Sara: Noch etwas Gutes?!!!

بابک: Jawohl!

Sara: Ja, mache ich!

بابک: Wunderbar!

Sara: Und?! … Hast du ein besonderes Angebot?!

بابک: آره، دارم؛ پیشنهاد خاصّم دارم!

Sara: Ich höre zu!

Pause

مکث

بابک: *(بخش‌بندی شده)* قید، رفتنو، بزن!

Sara: Was?!!!

بابک: قید رفتنو بزن! یعنی دور رفتن، یه خط قرمز …

Sara: Das war dein besonderes Angebot?!!!

بابک: ببین، من نمی‌دونم پیشنهادم خاص بود یا …

Sara: Nein, … das kann ich nicht!

بابک: نمی‌خوای!!!

Sara: Ich kann es nicht!!! Ich kann nicht weiter hier leben!

بابک: Was bedeutet es, dass du nicht kannst?! Natürlich kannst du...
(ناگهان به فارسی) معلومه که می‌تونی؛ ... کافیه بخوای!

Sara: Ich will, aber kann leider nicht! Ich kann wirklich nicht
mehr ...

بابک: "نمی‌تونم" بهونه‌ست سارا!

Sara: Das ist keine Ausrede; Babak! Mein Zustand ist hier sehr ...

بابک: یه طوری از شرایطت حرف میزنی انگار تو اسارتی!!!

Sara: Bin ich nicht?!

بابک: نه!

Sara: Bin ich nicht in Gefangenschaft?!

بابک: این چه حرفیه؛ معلومه که نیستی!

Sara: Da ich nicht einmal allein verreisen darf, bin ich bestimmt
in Gefangenschaft!

بابک: کی گفته تو اجازه نداری (با تقلید لحن سارا) حتی یه مسافرت بری؟!

Sara nimmt eine weitere Kopie des Formulars „Ausreisegenehmigung des Mannes für seine Ehefrau“ aus ihrer Tasche, die in einer Ecke der Bühne steht, und zeigt sie Babak.

سارا نسخه‌ی دیگری از فرم رضایتنامه‌ی مرد برای خروج همسرش از کشور را از کیف خود که در گوشه‌ای از صحنه قرار دارد، بیرون آورده و به بابک نشان می‌دهد.

Sara: *(Sie schwenkt das Formular langsam in der Luft)* Hier ist es! ...
Das ist der Beweis meiner Gefangenschaft!

بابک: چی هست این؟!

Sara: Was denkst du, was das ist?!

Sara hält das Formular mit beiden Händen vor Babaks Gesicht, damit er es lesen kann, aber sie hält genug Abstand, sodass er ihr das Formular nicht entreißen kann. Er dachte, dass die einzige Kopie des Formulars diejenige war, die er zerrrissen hatte. Deswegen regt er sich sehr auf und runzelt die Stirn.

سارا فرم را طوری با دو دست مقابل صورت بابک می‌گیرد که بتواند آن را بخواند، ولی فاصله‌اش با بابک را به گونه‌ای رعایت می‌کند که دست او به فرم نرسد! بابک که گمان می‌کرده تنها نسخه‌ی فرم، همانی بوده که او پاره‌اش کرده، سخت برآشفته شده و اخم‌هایش را در هم می‌کشد.

بابک: تو بازم این فرمه داشته‌ی و من نمی‌دونسته‌م؟!

Sara: Na und?! Wolltest du das auch zerreißen?!

بابک: چندتا دیگه ازش داری؟!

Sara: Noch zweihundertfünfzig Abschriften!!!

بابک: دویست‌وپنجاه‌تا!!!!

77

Sara: Eigentlich habe ich jetzt nur noch zweihundertneunund-
vierzig davon! Weil du eine von denen … *(Sie zeigt auf
die Papierschnipsel, die auf dem Boden liegen)* Da sind sie …
Schau mal hin …

بابک: (فعلاً با خونسردی) دویست‌وپنجاه‌تا، که چون یکیشون این‌جا (با اشاره
به تکه‌پاره‌های فرمی که بر زمین ریخته است) داره پا می‌خوره، شدهن
دویست و … چهل و … نُه‌تا!!!

Sara: Ja, richtig! Du hast eine von denen zerrissen!

*Er geht ein wenig auf der Bühne auf
und ab. Plötzlich schlägt er mit der
Hand auf die Tischkante oder einen
anderen Gegenstand in der Szene,
so stark dass Sara erschreckt. Von
diesem Moment an sind beide zu-
tiefst nervös und können nur noch
wütend miteinander reden.*

بابک، مختصر قدمی بر صحنه زده و
ناگهان طوری با دست بر لبه‌ی میز یا
یکی دیگر از اشیاء موجود در صحنه
می‌کوبد، که سارا سختِ جا می‌خورد.
از این لحظه، هر دو شدیداً عصبی شده
و فقط با فریاد ناشی از عصبانیتشان، با
یکدیگر حرف می‌زنند.

بابک: عین آدم جواب بده وقتی یه چیزی ازت می‌پرسم!

Sara: Hooooo; warum schreist du so?!!!

بابک: پرسیدم چندتا دیگه از این فرمه تو خونه داری!

Sara: Ich hatte zwei, wovon jetzt nur noch eine übrig ist! Was
ist denn los, Mann?! Wieso, wie ein Hund …

بابک: الان این فرمی که هنوز نه تکمیل شده و نه امضاء، سند اسارت توئه؟!

Sara: Welcher Mist ist das, wenn das kein Beweis meiner Ge-
fangenschaft ist?!

بابک: یعنی این فرمه نمی‌ذاره تو حتی یه مسافرتم بری؟!

Sara: Ohne diesen Beweis wäre ich doch nicht hier!

بابک: پس من امضاءش کنم، شما میری مسافرت!

Sara: Wenn du das unterschreibst, werde ich gehen und auch
nicht zurückschauen!

بابک: اون‌وقت اینو میگن مسافرت؟! ... با یه بلیط یه‌طرفه! "میرم، پشت سرمم
نگاه نمی‌کنم"، مسافرته؟!

Sara: Reise ist Reise; es spielt keine Rolle, ob nur hin oder hin
und zurück!

بابک: اگه مسافرت واقعاً بلیط یه‌طرفه و دوطرفه نداره، پس وایسا تا من رضایتنامه
رو امضاء کنم!

Sara: Willst du es nicht unterschreiben?! Das ist gaaar kein Prob-
lem! (Dieses Mal zerreißt sie das Formular selbst. Gleichzeitig mit
dem Zerreißen des Formulars, spricht sie weiter) Aber sag nicht
mehr, dass ich hier nicht in Gefangenschaft bin; okay?!
(Sie wirft die zerrissenen Teile des Formulars in die Luft) Ich
bin hier eine Geisel; verstehst du?! Eine Geisel! Jemand,
der eine Geisel ist, (Sie zeigt auf ihre Stirn) auch wenn auf
seiner Stirn nicht geschrieben steht, dass „ich eine Geisel
bin"! ... Ich bin hier als Geisel genommen worden und
mein Geiselnehmer ist nicht mein Feind; ... es ist mein
Mann!

بابک: کاملاً درست متوجه شده‌ی؛ ... تو این‌جا گروگانی، گروگانگیرتم دشمنت نیست؛ (دو سه بار به سینه‌ی خود می‌کوبد) شوهرته! ... دیگه؟!

Sara: Natürlich bin ich das; ich bin eine Geisel! *(Sie zeigt wieder auf die Papierschnipsel, die auf dem Boden liegen)* Jedes Kind, das diese Zustände sieht, kann verstehen, dass ich ...

بابک: کولی‌بازی برا چی درمیاری؟! تو میگی بچه، من میگم خرا! اصلاً هر خری هم اینا رو (با اشاره به همان کاغذپاره‌ها) ببینه می‌تونه بفهمه که من تو رو گروگان گرفتم! ... دیگه چی؟! Was noch?! ثُمَ ماذا؟!!!

Sara: Sonst nichts! Alles ist ganz klar!

بابک: همه‌چی روشنه؛ هان؟! ... (مکث) من همین الان هدیه‌ی خدا نبودم؟!!! چی شد یهو شدم گروگانگیر!!!

Von diesem Moment an werden sie beide fortlaufend ruhiger.

از این زمان، هر دو به صورتی کاملاً تدریجی، آرام و آرامتر می‌شوند.

Sara: Ich sage es noch einmal. Du bist Gottes Geschenk an mich; okay? Aber, was du jetzt mit mir machst, ...

بابک: نه عزیزم؛ این هدیه‌ی خدا و نمی‌دونم این‌چیزا رو بذار کنار تا خودم بهت بگم من کی‌ام! Wie ... ! Ich sage dir, wer ich bin! Okay?! kann Gottes Geschenk ein Geiselnehmer sein?!!! Ja, ich آره ... bin genau der Geiselnehmer, den du genannt hast! عزیزم؛ من دقیقاً همون گروگانگیرهم که گفتی!

Sara: *(Sie ist verwirrt)* Warum?!

بابک: چی؟!

Sara: Warum sagst du so eindeutig, dass du mich als Geisel ge-
nommen hast?!

بابک: میگم، به صراحتم میگم، چون ...

Sara: *(Unsicher)* Trotzdem ist sehr schön, dass du endlich ...

بابک: گروگان گرفته‌مت، ... چون دوسِت دارم!

Pause
مکث

Sara: Weil du mich liebst, solltest du mich als Geisel nehmen?!!!

Babak ist jetzt ziemlich entspannt.
Aber wie auch immer, versucht er
seine eigene Ruhe und Gelassen-
heit aufzubauschen.

بابک حالا دیگر کاملاً آرام شده است.
ولی با این حال، می‌کوشد تا آرامش و
خونسردی خود را بسیار بیشتر از آنی
که هست، نشان دهد.

بابک: آره عزیزم؛ دلیلش اینه که همسرمو دوست دارم؛ خُب؟!؟ ... چون دوسش
دارم، چون عاشقشم، ... گروگانش گیرم، حبسش کنم، هجرش دهم،
زجرش دهم، ...

Babak wechselt und ohne irgend-
welche Eile von seiner Prosa in ein
Lied um und fängt an singen.

بابک، کلام نثرش را با طمأنینه‌ی بسیار
و بدون هیچ‌گونه شتابی، به نظم آهنگ
دلکش آمیخته و می‌خواند.

خواااااارش کنم ... زااااارش کنم ...

Jetzt wird auch die Musik zu sei-
nem Gesang hinzugefügt und be-
gleitet ihn.

حالا دیگر موسیقی نیز به آواز او افزوده
شده و همراهی‌اش می‌کند.

یا رب مرا یاری بده، تا خوب آزارش کنم
هجرش دهم، زجرش دهم، خوارش کنم، زارش کنم
از بوسه های آتشین، وز خنده‌های دلنشین
صد شعله در جانش زنم، صد فتنه در کارش کنم
در پیش چشمش ساغری، گیرم ز دست دلبری
از رَشک آزارش دهم ، ازغصه بیمارش کنم
یا رب مرا یاری بده، تا خوب آزارش کنم
(فرود تصنیف بابک، با کشیدن کلمات) هجرش دهم، ... زجرش دهم، ...
خوااااارش کنم، ... زااااارش کنم!

Sara: *(Am Ende des Gesangs und mit einem demütigenden Ton)* Was
für eine kindliche Sturheit!!!

Babak singt auch sehr geduldig die
letzte Strophe seines Liedes und
erst danach antwortet er Sara. Die
Musik wird auch allmählich leiser
und leiser.

بابک، آخرین بیت از ترانه‌اش را هم
باحوصله‌ی تمام، خوانده، و تازه آن زمان
به سارا جواب می‌دهد. موسیقی صحنه
هم آرام‌آرام خاموش می‌شود.

بابک: کدوم لجبازیِ بچگانه؟!

Sara: Ich rede mit dir und du fängst plötzlich an zu singen?! ...
(Sie ist verwirrt) Das verstehe ich überhaupt ...

بابک: آوازم نخونم؟!

82

Sara: Nein; nicht auf Persisch und nicht jetzt! ... Warum sprichst du eigentlich nicht auf Deutsch, damit ich einfacher verstehen kann, welchen Quatsch du sagst?!!!

بابک: ولمون کن بابا! مگه ما آلمان بودیم، فارسی حرف می‌زدیم که الان تو ایران، آلمانی حرف بزنیم!

Sara: Es hat nichts damit zu tun!

بابک: داره، اتفاقاً خیلی خوبم ربط داره!

Sara: Wir haben weder in Deutschland deutsch gesprochen, noch persisch, seit wir hier im Iran sind! Du möchtest einfach trotzen!

بابک: عجب آدمیه‌ها! آخه من چه لجی برا کردن دارم!

Sara: Doch! ... Heute bist du am Trotzen, und ich weiß wirklich nicht warum!

بابک: آره، من امروز لجبازی می‌کنم! خوبه؟! لابد دلیلشم اینه که من مریضم! الان نمی‌خوای بگی برو قرصاتو بخور؟!

Sara: Mir ist egal, ob du deine Tabletten einnimmst oder nicht!

بابک: مریض‌تر از من ولی توئی، که همیشه‌ی خدا باید یه سوژه‌ای برا جروبحث داشته باشی!

Sara: Was?!!! Habe ich jetzt diskutiert?!!!

بابک: آره داری جروبحث می‌کنی دیگه!

Sara: Welche Diskussion?!!! Mit wem?!!!

بابک: با من! ما هیچ‌وقت سر این‌که با چه زبونی تو خونه حرف بزنیم، اختلاف‌نظر نداشته‌یم. بعد از دیروز تا حالا، یهو خانم، آلمانی حرف‌زدنش گرفته!

Sara: Menschen können sich jederzeit ändern!

بابک: آدما می‌تونن هر زمان عوض شن؟!!!

Sara: Können sie nicht?!

بابک: حتی وقتی زندگی مشترک دارن؟!!!

Sara: Sogar, wenn sie ein gemeinsames Leben führen, können sich sich ändern!!!

بابک: بعد اون‌وقت شما از دیروز تا حالا تصمیم گرفتی عوض شی؟!!! همین‌جور یهویی؟!!!

Sara: Ich habe nur beschlossen, meine Muttersprache zu sprechen; einfach so! Ist es sehr schlimm, dass jemand seine Muttersprache sprechen möchte?!!!

بابک: الان این اگه لجبازی نیست، پس چیه؟!

Sara: Aber wie kann es eine Sturheit sein?!

بابک: این لجبازی نیست؟! شما یهو از دیروز تصمیم گرفته‌ی به زبون مادریت حرف بزنی، بعد اون‌وقت میگی ...

Sara: Guck mal; ich habe mich nicht plötzlich entschieden. Okay?

بابک: یهو تصمیم نگرفته‌ی؟! بیست‌وچهارساعته از این رو به اون رو شده‌ی، اون‌وقت میگی من ...

Sara: Ich habe schon sehr lange darüber nachgedacht.

بابک: خیلی وقته داری به چی فکر می‌کنی؟!

Sara: An die Muttersprache!

بابک: (شگفت‌زده) به زبون مادری!!!

Sara: Ja.

بابک: دیگه چی؟!

Sara: Und noch … an das Vaterland!

بابک: خیلی هم خوب، خیلی هم شاعرانه؛ اول به زبون مادریت فکر کرده‌ی،
         بعدشم به سرزمین پدریت! حالا نتیجه‌ش چی شد؟!!!

Sara: Das Ergebnis von was?!

بابک: نتیجه‌ی همین تفکر شاعرانه‌ت دیگه!

Sara: Das Ergebnis war, dass ich auf meine Muttersprache auf-
         passen muss!

بابک: الان مثلاً چه خطری زبون مادریتو تهدید می‌کنه که تو باید مواظبش
         باشی؟!

Sara: Doch muss ich! Wenn ich es nicht tue, werde ich sie auch
         wie mein Vaterland verlieren!

بابک: شعر میگی، شعار میدی؛ سرزمین پدریت کجا رفته مگه! سر جاشه! اصلاً
         چی هست سرزمین؟!!!

Sara: Was ist das Land?!!!

بابک: … Ja, genau; Was ist das Land?!! یه مشت خاکو میگن سرزمین؛
         غیر از اینه؟!

Sara: Das Land ist nur etwas Erde?!!! Meinst du das ernst?!!!

بابک: تو آلمان نه؛ اون‌جا فقط خاکِ خالی نیست؛ … یه داسم جلوشه؛ داس
         لَند!

85

Sara: Naja, „das" ist sein Artikel; das Land! ... Und?!

بابک: ربطی به آرتیکل و حرف تعریف نداره! این داسه رو شما آلمانیا گذاشتین قبلش، که اگه کسی خواست تو خاکش گندمی، جووی، یونجه‌ای چیزی بکاره، فصل درو که شد، نخواد تازه دنبال داس بگرده!

Babak ist die ganze Zeit über ernst und runzelt die Stirn; auch wenn er etwas im Scherz sagt.

بابک کلاً جدّی و اخموست، حتی وقتی چیزی را به شوخی می‌گوید.

Sara: *(Sie achtet nicht auf den Witz von Babak)* Denkst du nicht, dass deine Interpretation des Wortes „Land" etwas oberflächlich ist?!

بابک: ببین سارا، هر جا دل آدم خوش باشه، هر جا چرخ زندگی آدم بچرخه، خب همون‌جا سرزمینشه دیگه؛ پدری و غیرپدری نداره که!

Sara: Das heißt, wenn du auch anderswo Glück hast und dein Lebensrad sich dreht, ... kann dort auch dein Land sein?!

بابک: چرا که نه؛ فرقی نمی‌کنه!

Sara: Auch Deutschland!!!

بابک: حتی آلمان، حتی جمهوری دومینیکن! *(بلافاصله بازی می‌کند)* قلمروها جز مشتی خاک نیستند ... و سرانجام ... *(با انگشت به سارا اشاره کرده و از او می‌پرسد)* Und schließlich?!

Sara: Und schließlich wird die Erde, wie ein Monster, ... jeden verschlucken!

بابک و سارا (هر دو با هم، و هر کس با زبان مادری خودش):

86

Babak & Sara *(Beide zusammen, und jeder in seiner eigenen Muttersprache)*:

قلمروها جز مشتی خاک نیستند،

Die Territorien sind nicht etwas mehr als Erden,

و سرانجام زمین به مانند هیولایی، هر کس را می‌بلعد؛

und schließlich wird die Erde, wie ein Monster, jeden verschlucken;

حتی (هر کدام از آنها، به خودشان اشاره می‌کنند) ... شریف‌ترینها هم چنین می‌شوند!

Selbst *(Jeder von ihnen zeigt auf sich selbst)* ... den ehrenwertesten Leuten wird es so gehen!

Pause

مکث

بابک: عجب؛ ... خوب هنوز دیالوگای منو از بری!

Sara: Nicht alle, aber ... ich erinnere mich noch an einige von deinen Reden!

بابک: بعضیاشم خوبه؛ خوب یادت مونده!

Sara: Du bist zuhause auf und ab gegangen und hast deine Reden gehalten, damit ich ...

بابک: چرت چرا میگی؛ من زیاد تو خونه تمرین نکردم! کردهم، ولی نه اونقد که ...

Sara: Doch! Du hast deine Rolle viel mehr als auf der Bühne zuhause geübt! Hast du es vergessen?!

بابک: اجرامونم خدائیش بد نشد!

Sara: War es nicht schlimm?!!! Eure Aufführung ist sehr gut gelaufen!

بابک: بچه‌ها هم خُب همه آماتور بودن دیگه.

Sara: Ich hatte nichts mit den anderen Schauspieler zu tun, ob
die Anfänger oder Profi sind; ich habe vom Anfang bis
zum Ende, nur *(Sie zeigt den Babak an)* das Rollenspiel des
Antonius geschaut!

بابک: اصلشم همون *(به خودش اشاره می‌کند)* آنتونیوس بوده که تو دیدی؛
بقیه‌ش دیگه ...

Sara: *(Mit einem weiblichen Ton)* Babak?!

Pause

مکث

بابک: چی شد دوباره؟! باز چه خوابی برا بابک دیدی که این‌جوری صداش
میزنی؟!!!

Sara: Weißt du, dass alle Mitglieder eurer Theatergruppe noch
in Deutschland leben?! ... Nur du ...

بابک: *(بی‌حوصله)* ما یه سری دانشجو بوده‌یم سارا!

Sara: Na und?!

بابک: خُب دانشجو درسش تموم میشه برمی‌گرده کشورش دیگه!

Sara: Wer hat gesagt, wenn das Studium eines Studentsén be-
enden ist, muss er in sein Land zurückkehren?!!!

بابک: هیچ‌کس!

Sara: Niemand?!!! Gerade eben hast du selbst ...

بابک: من نگفتم بایدِ ... دانشجو درسش تموم میشه، معمولاً برمی‌گرده کشورش!

88

Sara: Normalerweise?!!! Aber von allen Mitgliedern dieser Theatergruppe bist nur du in dein Land zurückgekehrt!!!

بابک: مطمئنی از اون گروه، فقط من برگشته‌م ایران؟!!!

Sara: Nur du und Aschkan; ... die andere leben immer noch in Deutschland!

بابک: تازه اشکان زودتر از من برگشت!

Sara: Ja, stimmt; Aschkan ist zurückgekehrt, und er kam früher als du zurück, Weil er keine deutsche Frau geheiratet hatte!

بابک: زن آلمانی گرفته بود هم برمی‌گشت!

Sara: Auf gar keinen Fall! Warum sollte er in den Iran zurückkehren, wenn er eine deutsche Frau geheiratet hätte?!

بابک: برمی‌گشت، چون هنوز درسش تموم نشده، بابائه کارشو این‌جا تو یه بیمارستان خصوصی ردیف کرده بود!

Sara: Er ist zurückgekehrt, nur weil sein Vater hier einen Job für ihn gefunden hatte?!

بابک: آره بابا، مردم صاحاب دارن!

Sara: Bedeutet das, dass er dort arbeitslos geblieben wäre?!

بابک: بیکار که نمی‌موند، ولی این‌جا درآمدش خیلی بهتره!

Sara: Das glaube ich nicht; das Pflegeeinkommen ist fast überall gleich!

بابک: باز تو چرت گفتی؟! اگه آلمانیام بچه‌هاشونو ختنه می‌کردن، آره، ممکن بود درآمد پرستار ایرانی و آلمانی یکی باشه!

Sara: *(Mit Ekel)* Was?!!! Beschneidet Aschkan die Kinder?!!!

بابک: چی؟!!!

Sara: Beschneidet Aschkan die Kinder?!!!

بابک: اشکان بچه ختنه نمی‌کنه؟!!! ختنه می‌کنه عین شمرا!!! به ازای هر آمپولی
که تو بیمارستان میزنه، سه‌تا شوشول سر نبُره، روزش شب نمیشه!

Pause

مکث

Sara: Jedenfalls sind die andere immer noch in Deutschland!

بابک: خُب حالا که چی؟! بقیه بچه‌ها اونجان؛ چیکار کنم؟!

Sara: *(Sie stottert und ist sehr vorsichtig)* Ich sage … wenn wir auch
zurückkehren, … also … weißt du?! … Ihr werdet wieder
vereint, … und könnt wieder Theater spielen!

بابک: *(با طعنه)* آهان! پس منم اگه برگردم، جمعمون دوباره جمع میشه!

Sara: Ja!!!

بابک: می‌تونیم دوباره با بچه‌ها نمایش کار کنیم!

Sara: Ja; warum nicht!!!

بابک: بچه گول میزنی؟!

Sara: Was sagst du Babak!! Du bist kein Kind, damit ich dich …

بابک: من بابا همون یه باری که با اون دیوانه‌ها نمایش کار کردم، برا هفت پشتم
بسه!!!

Sara: Wieso?! Welche Probleme hatten sie?!

90

بابک: ایرادی که نداشتن، ولی با یه مشت دانشجوی اقتصاد و حسابداری و پرستاری نمایش کار کردن، عین اینه که من برم به جای اشکان، بچه ختنه کنم!

Sara: Ist Aschkans Spiel wie die Kinderbeschneidung für dich?!!! Aber Aschkan hat nicht schlecht gespielt!

بابک: اشکان بد بازی نکرد، منم البته بد بچه ختنه نمی‌کنم!

Sara: Sag mir einfach, du willst nicht zurück; dann musst du nicht den armen Aschkan kritisieren!!!

بابک: درود بر آدم چیزفهم! نمیام! این‌طوری دیگه بازی اشکانو هم، به قول تو، زیر سؤال نمی‌برم!

Sara: Fertig!

بابک: یه طوری میگه بازی اشکانو زیر سؤال نبر، انگار اشکان سِر لارنس اولیویه‌هست!

Sara: Es ist mir egal, dass Aschkan wie Sir Laurence Olivier spielt oder Sir Laurence Olivier wie Aschkan die Kinder beschneidet! Ich sage nur, komm mit mir nach Deutschland zurück; dort können wir beide ganz einfach …

بابک: منم که گفتم نمیام! … همین الان گفتی بیا برگردیم، اگه نمی‌خوای بیای هم رک و راست بگو نمیام؛ منم گفتم نمیام!

Sara: Ist das jetzt dein letztes Wort?! Kommst du nicht mit?!

بابک: حرف آخرم همون حرف اولمه؛ من جام خوبه، کار و زندگیمم این‌جاست، هیچ دلیلی هم برا مهاجرت ندارم!

Sara: Das finde ich toll! Ich bin aber nicht wie du in einem gutem Zustand, weder mein Job noch mein Leben hier sind es, und ich habe zahlreiche Gründe auszuwandern!

بابک: ببین! بعد میگی من زندگیمو از زندگی تو جدا نمی‌کنم!

Sara: Ich sage wieder; mein Leben und deines sind verbunden, aber …

بابک: (آمرانه) کارِت شاید این‌جا نباشه، ولی زندگیت این‌جاست!

Sara: Aber … was kann ich tun, wenn du sagst, dass du gar keine Gründe hast auszuwandern?!

بابک: آخه من از چه دلیلی می‌تونم برا مهاجرت داشته باشم؟!

Sara: Du hast keine; allerdings habe ich tausend schlagkräftige Gründe für die Auswanderung!

بابک: شلوغش برا چی می‌کنی! (ادای سارا را درمی‌آورد) من هزار تا دلیل قانع کننده برا مهاجرت دارم!

Sara: Habe ich!

بابک: خُب بکن؛ مهاجرت کن!

Sara: Mache ich!

بابک: مهاجرت کن برو پشت سرتم نگاه نکن!

Sara: Unterschreibe du es und schau mal, ob ich gehe oder nicht!

بابک: چرا باید امضاء کنم وقتی راضی نیستم!!!

Sara: Du unterschreibst die Zustimmung nicht, weil du nicht einverstanden bist; und deswegen sage ich, dass ich hier eine Geisel bin!

بابک: من اینو نمی‌فهمم! آخه تو چه اصرار داری که خودتو گروگان بدونی؟!

Sara: Ich bestehe nicht darauf, mich als Geisel zu bezeichnen; ich bin wirklich eine Geisel!

بابک: این چرت و پرتا چیه!

Sara: Das ist gar keiner Quatsch!

بابک: ما فقط و فقط داریم طبق قانون مملکتی که توش هستیم، زندگی می‌کنیم؛ همین!

Sara: Gesetz?!!! Das Gesetz dieses Landes ist aber nur zu Gunsten der Männer!!!

بابک: والله همین خود تو اونجا که بودیم، چپ می‌رفتی راست میومدی می‌گفتی اینجا آلمانه، پس ما باید به زبون این کشور حرف بزنیم و باید با قانون و فرهنگ همین کشور زندگی کنیم!

Sara: Auf keinen Fall!

بابک: چی؟!!! تو هزار بار این حرفو ...

Sara: Vielleicht hätte ich über die deutsche Kultur und Gesetze so gesprochen, als wir dort lebten, aber was die Sprache betrifft, hatte ich dich immer gebeten, zu Hause manchmal persisch zu sprechen, damit ich mein Persisch verbessern kann!

بابک: تو می‌خواستی من تو خونه باهات فارسی بزنم!!!

Sara: Genau; tausendmal habe ich dich gebeten, persisch zu sprechen!

بابک: که فارسیت بهتر شه!!!

Sara: Ja; um mein Persisch zu verbessern!

بابک: فارسیت بهتر شه که مثلاً چه گُهی بخوری؟! *(با طعنه)* که بتونی فرم فرار از مسئولیت زندگیتو خودت تکمیل کنی؟!

Sara: Dieses Formular ist kein Formular der Flucht aus der Verantwortung des Lebens!

بابک: هست!

Sara: Aber, wenn ich der Verantwortung meines Lebens entkommen will, brauche ich dieses Formular nicht!

بابک: خیلی خوبه که بدون فرمم می‌تونی از مسئولیتات فرار کنی؟!

Sara: Ich sagte „wenn ich es will"!!!

Babak macht eine kurze Pause und verschiebt das Thema des Dialog zu seinem eigenen Gunsten.

بابک مکث مختصری کرده و موضوع بحث را به نفع خودش عوض می‌کند.

بابک: صبح بیرون بودی؟!

Sara: Heute Morgen?!

بابک: Ja; warst du draußen?!

Sara: Ich war einkaufen … Warum?!

بابک: نگفته بودی!

Sara: Was habe ich nicht gesagt?!

بابک: که داری میری خرید!

Sara: Muss ich dir sagen, dass ich einkaufen gehen will?!

بابک: نباید می‌گفتی؟!

Sara: Ich habe mich aber spontan entschieden!

بابک: (با طعنه) عجب! پس یهویی شد!

Sara: Was soll das?!!! Gibt es auch ein besonderes Formular, das von den Männern ausgefüllt und unterschrieben werden muss, wenn die Frauen einkaufen gehen wollen?!!!

بابک: (با خونسردی) نه، خدا رو شکر خرید کردن فرمی نداره که امضای شوهرو بخواد! حالا چی می‌خواستی؟!

Sara: Rattengift.

بابک: چی؟!!!

Sara: Rattengift!

بابک: مرگ‌موش چرا؟!

Sara: (Überrascht) Babak!!! Habe ich dir vorgestern nicht gesagt, dass in unserem Keller Mäuse sind?!

بابک: شما گفتی، منم گفتم همه‌ی انباریا موش دارن!

Sara: Das glaube ich aber nicht! Es gibt viele Keller, in denen keine Mäuse leben!

بابک: انباری موش نداشته باشه که دیگه انباری نیست؛ نشیمنه!

Sara: Der Keller braucht die Mäuse, um der Keller zu sein, und sonst ist er ein Wohnzimmer?!!!

بابک: حالا آخرش خریدی مرگ‌موش یا نه؟

Sara: Der Apotheker wollte es mir zunächst nicht geben!

بابک: یعنی چی؟! بهت نمی‌داد یعنی بهت نمی‌فروخت؟!

Sara: Er sagte, dass er kein Rattengift hat!

بابک: نداشته؟! ... حالا ما موشامونو با چی بکشیم؟ با نارنجک؟!

Sara: Nein; er hat mir vorgeschlagen, den Rattenkleber zu kaufen! *(Plötzlich hört sie mehr auf das, was Babak gesagt hat. Pause)* Was?! Man tötet die Mäuse mit der Granate?!!!

بابک: خُب می‌گرفتی؛ چسب‌موشم همونه دیگه!

Sara: Neieiein! Rattenkleber tötet das arme Tier wie eine Mausefalle – qualvoll!

بابک: خوبه والله؛ پس نگران زجرکش نشدن موشام هستی!

Sara: Natürlich; sie sterben mit dem Gift schneller und es wird eher beendet!

بابک: *(بیشتر به خودش)* ما رو بگو؛ یه طوری فعل جمع به کار می‌بریم انگار سارا خانوم موشا رو سرشماری هم کرده! *(به سارا)* خُب شاید یه دونه باشه!

Sara: Nein; ich habe sie nicht gezählt, aber denke, dass es mehr als drei oder vier Mäuse sind!

بابک: *(با طعنه)* نه بابا، سه چهارتا؟!

Sara: Oder mehr!

بابک: حداقل پنجاه‌تا موش اون پائینه! حالا چی نمی گرفتی آخرش؛ چسب‌موش؟

Sara: Nein! Ich habe dem Verkäufer gesagt, dass ich seit einer Woche den Rattenkleber verwendet habe, aber er fing keine Mäuse!

بابک: اه!!! ما کی یه هفته چسب‌موش ...

Sara: Ich habe es gesagt, damit ich das Rattengift von ihm kaufen kann!

بابک: یعنی تا اینو گفتی، بهت مرگ‌موش داد!!!

Sara: Nein; er bestand darauf, mir den Rattenkleber zu verkaufen!

بابک: ایرونی‌بازیه دیگه! حالا چسب‌موشا موندن رو دستش، گفته کی به کیه؛ یکیشم می‌چسبونیم به این زنه!

Sara: Genau zu dieser Zeit betrat Karim die Apotheke!

بابک: کدوم کریم؟!!!

Sara: Karim Benzema! Naja, dein Cousin! Wie viele Karim sind denn in eurer Familie?!

بابک: خُب!

Sara: Er ist ein Freund des Apothekers, er hat kurz mit ihm geredet und dann hat der das Rattengift für mich vom Lager geholt! ... So einfach!

بابک: بفرما؛ پسر دائی ما دوست یارو از آب درمیاد، مرگ‌موش عین شیر از ته انبار میاد خودشو میندازه رو پیشخون که من مرگ‌موشم، یکی منو بخره! ... مملکت نیست که؛ تیمارستانه!

Sara: Der arme Karim war dort, um pflanzliche Medikamente gegen Migräne für seine Frau zu kaufen.

97

Pause

مکث

بابک: ببین سارا، ... بعدازظهری بهم زنگ زد!

Sara: Was?!!!

بابک: بهم زنگ زد!

Sara: Hat er dich angerufen?!!!

بابک: آره؛ بهم ...

Sara: Wer hat dich angerufen?!

بابک: یارو داروخونه‌داره؛ خُب کریم دیگه!

Sara: Welcher Karim?!!!

بابک: کریم آقمَنگُل! پسر دائیم؛ مگه ما چندتا کریم تو فامیل داریم؟!

Sara: Was wollte er denn?!

بابک: دارو می‌خواست.

Sara: Die Medikamente!!!

بابک: آره؛ دارو.

Sara: Wofür?! Für wen?!

بابک: برا میگرن خانمش!

Sara: Die Medikamente gegen Goli's Migräne!!!

بابک: آره؛ مگه خودت همین الان نگفتی اومده بوده از دوستش ...

98

Sara: Wollte er von dir die Medikamente gegen Migräne für seine Frau bekommen?!!!

بابک: از من نه!

Sara: Was dann?!

بابک: از کسی که بخواد بره آلمان!!!

Sara: Dachte er, dass du nach Deutschland reisen willst?!

بابک: من نه؛ اتفاقاً فکر کرده تو داری میری آلمان! فکرم که البته نکرده؛ لابد یه چیزی دیده که ...

Sara: Ach so, er dachte, dass ich nach Deutschland ... *(Plötzlich bemerkt sie etwas)* Warte mal!!! ... Alles, was ich dir über das Rattengift und den Rattenkleber erzählt habe, hast du auch von Karim ...

بابک: Alles!! ... همه‌شوا!!! ... (بابک کم‌کم قاطی می‌کند) همه‌ی داستان چسب‌موش و مرگ‌موش و چسب‌چوب و چسب‌کوفت و زهرمار و هرررر چیز دیگه‌ای که بوده رو کریم بهم گفته؛ نمی‌باید می‌گفت؟!

Sara: *(Erstaunt steht ihr Mund offen)* Aber warum seid ihr Iraner nur so geschwätzig?!

بابک: دهنش لق نیست؛ اومده بود یه خواهشی از من بکنه، مجبور شد ...

Sara: Doch doch; zufällig ist er sehhhr geschwätzig!

بابک: میگم که؛ اومد یه خواهشی از من بکنه، مجبور شد بگه که تو رو دیده! بعدشم، ...

Sara: Na, der ist gut! Vielleicht wollte ich gar nicht, dass mein Mann weiß, dass ich ...

بابک: ‏(متعجب و برافروخته) نمی‌خواستی شوهرت بدونه؟!!! شاید تو نمی‌خواستی شوهرت بدونه که داری مرگ‌موش می‌خری؟!!!

Sara: Mein Thema ist nicht Rattengift oder Kleber; ich sage, man muss den Mund halten können!

بابک: حالا تو نمی‌خواد نگران چفت و بست دهن پسردائی من باشی! شما بگو دیگه چه چیزایی هست که نمی‌خوای شوهرت بدونه!!!

Sara: *(Nervös)* Ich habe nichts vor dir zu verstecken; okay?!!!

بابک: تو چیزی برا مخفی کردن از من نداری!!!

Sara: *(Entschieden)* Nein; natürlich habe ich keine!

بابک: هییییچ!!!

Sara: Gar ... nichts!!!

بابک: حتی یه بلیط هواپیما!!!

Pause
مکث

Sara: *(Ihr Mund ist wieder erstaunt geöffnet und diesmal mehr als je zuvor)* Wasss?!!!

بابک: حتی یه بلیط هواپیما؟!!!

Sara: Flugticket?!!!

بابک: Ganz genau! دقیقاً بلیط هواپیما!

Sara: Hat Karim das auch gesagt?!!!

بابک: نه نه، اینو دیگه واقعاً یارو داروخونه‌چیه گفته؛ ... خُب کریم گفته دیگه!

100

Sara: Aber wer hat es Karim erzählt?!!!

بابک: کسی بهش نگفته؛ خودش دیده!

Sara: *(Mit sich selbst)* Gesehen!!! *(Zu Babak)* Er hat es selbst gesehen!!! Aber wie konnte er …

بابک: وقتی می‌خواستی پول یارو رو بدی دیده!

Sara: Hat er aus der Ferne in meine Tasche gesehen?!!!

بابک: *(ادای سارا را درمی‌آورد)* از اون فاصله تو کیف تو رو ندیده؛ لابد بلیطه رو درآوردی که بتونی پول از کیفت درآری، اونم دیده‌تش؛ خیلی کار بدی کرده؟!

Sara: Er hat nichts schlecht gemacht?!!!

بابک: چیکار باید می‌کرد؟!

Sara: Und was hat dir dein Cousin noch erzählt?!

بابک: دیگه می‌خواستی چی بگه؟! اومده میگه خانمت بلیطِ هواپیما دستش بوده، تو رو خدا اگه داره میره آلمان، بگو داروهای گلی رو هم بگیره، این‌جا گیر نمی‌آد!

Sara: Aber dieser Verrückte wollte pflanzliche Medikamente für seine Frau kaufen; und dann wollte er plötzlich, dass jemand chemische Arzneimittel aus Deutschland für sie mitbringt?!

بابک: به من و تو چه ربطی داره که چه دارویی می‌خواد برا زنش بگیره!

Sara: Tatsächlich hat Gott keine neugierigeren Menschen erschaffen als die Iraner!

بابک: فضولیِ ما ایرونیا، صد شرف داره به بی‌خبریِ شما آلمانیا که همسایه زیر گوشِتون می‌میره، تا جسدش بو نکنه، نمی‌فهمید!

Sara: Auch wenn unser Nachbar stirbt und wir es nicht wissen, ist das bestimmt vieeel besser, als wenn wir durch das Fenster seines Hauses beobachten, was er tut, was er isst oder was er trägt!

بابک: آخه من باید از کریم بشنوم که زنم داره میره آلمان؟!

Sara: Was kann ich tun, wenn dein Cousin …

بابک: اصلاً اگه کریم بلیطتتو نمی‌دید، وجداناً به من می‌گفتی رفته‌ی بلیط گرفته‌ی؟!

Sara: Warum sollte ich es dir nicht sagen?!

بابک: به خدا نمی‌گفتی!!!

Sara: Natürlich hätte ich es dir gesagt, sogar wenn er das Ticket nicht gesehen hätte!

بابک: آره ارواح عمه‌ت! اگه می‌خواستی بگی، باید قبل از این‌که بری بگیری، می‌گفتی!

Sara: Du hast recht; ich hätte es dir sagen sollen!

بابک: باید می‌گفتی؟!!!

Sara: Ich hätte es dir sagen sollen, weil …

بابک: باید می‌گفتی، ولی نگفتی!

Sara: Ich hätte es dir sagen sollen, weil ich nur mit diesem Ticket und ohne deine Zustimmung nicht einmal aufs Klo gehen darf!

بابک: یعنی اگه رضایت همسر لازم نبود، تو بدون اجازه‌ی من پا می‌شدی می‌رفتی؟!

Sara: Wenn dieses Formular nicht notwendig gewesen wäre, hätte ich es dich wissen lassen, aber … ich hätte nicht um deine Erlaubnis gebeten!

بابک: خبر می‌دادی، ولی اجازه نمی‌گرفتی؟! خبرو که آدم قبل از مسافرت، به همسایه‌شم میده!

Pause

مکث

Sara: Guck mal Babak, … ich weiß, dass du mich liebst; okay?!

بابک: عجب! … پس می‌دونی که شوهرت دوسِت داره؟!

Sara: Verarschst du mich?!

بابک: نه بابا مسخره چیه؛ اتفاقاً چِشتِم روشن که می‌دونی شوهرت …

Sara: Ich meine, dass diese Liebe niemals einseitig ist!

بابک: خُب اگه این عشق یه‌طرفه نیست، دیگه بحث کردنت برا چیه؟!!! برا چی این‌قد رو مُخ من …

Sara: Welche Diskussion?!

بابک: (شگفت‌زده) کدوم جر و بحث؟!!!

Sara: Wir haben doch keine Diskussion!

بابک: (شگفت‌زده‌تر) ما جر و بحثی نداریم؟!!!!

Sara: Nein; ich sage nur, dass meine Kraft erschöpft ist! Ist das die Diskussion?!

بابک: یعنی این‌جا زندگی کردن، این‌قد برات سخته که همه‌ی توانتو گرفته؟!!!!

Sara: Eigentlich ja; hier weiter zu leben, ist für mich …

بابک: آخه این چه حرف احمقانه‌ایه که می‌زنی؟!

Sara: Es ist nicht blödsinnig, Babak; … das ist absolut die Wahrheit!

بابک: عین واقعیته؟! عین واقعیت، دلیل نمی‌خواد؟!

Sara: Der Grund dieser Wahrheit ist, dass ich nicht kann; … ich kann nicht mehr!

بابک: نمی‌تونم دلیل نیست؛ بهونه‌ست!

Sara: „Ich kann nicht" ist keine Ausrede; es ist der Grund! Ich werde ersaufen, wenn ich weiter hier bleibe; verstehst du?!

بابک: نه، نمی‌فهمم!

Sara: Du willst nicht verstehen!

بابک: می‌خوام بفهمم، نمی‌شه! آخه خفه میشمم شد دلیل؟! کی خفه‌ت می‌کنه؟!!!

Sara: Frag mich nicht, wer wird mich ersaufen; frag, was wird mich ersaufen!!!

بابک: خیلی خُب؛ نمی‌پرسم کی خفه‌ت می‌کنه؛ می‌پرسم چی خفه‌ت می‌کنه! چی خفه‌ت می‌کنه؟!

Sara: Ich habe es dir schon mal gesagt, aber da du selbst kein solches Problem hast, ist es für dich nicht einfach zu verstehen!

بابک: اون مشکلی که من چون ندارم، نمی‌تونم درکش کنم چیه؟! روسری؟!

Sara: Ja; das Kopftuch! Das Kopftuch wird mich schließlich er-
saufen!

بابک: بیمه‌ت کنم خوبه؟!

Sara: Willst du mich versichern?!!!

بابک: آره؛ بیمه‌ت می‌کنم!

Sara: Ich bin aber versichert!!!

بابک: بیمه‌ای که تو داری، این نیست!

Sara: Verarschst du mich wieder?! Welche Versicherung ist das,
die ich nicht habe?!

بابک: کاملاً جدّی میگم! همین فردا من دستتو می‌گیرم می‌برمت یه شرکت
بیمه، بیمه‌ت می‌کنم که اگه روسری خفه‌ت کرد، بهت دیه تعلق بگیره!
خوبه؟!

Sara: Mach diese Versicherung für deine Tante: Wenn das Kopf-
tuch sie ersäuft hat, kann ihr opiumsüchtiger Ehemann ihr
Blutgeld kriegen und damit Opium konsumieren!

Meine Tante hat eine Vollkaskoversicherung; inklusive der   :بابک
Erstickung mit ihrem Kopftuch und sogar der Unfall mit
ihrem Ehemann von Hinten! … آره به‌خدا؛ عمه‌م بیمه‌ش کامل
کامله؛ از بیمه‌ی روسری رو داره، تا (با دست، ضربه‌ای به باسنِ خودش
می‌زند) بیمه‌ی بدنه!

Pause
مکث

Sara: Schau mal Babak, … du machst Witze über alles, aber so-
lange du nicht …

105

بابک: تو هم آخه یه چیزایی میگی که نمیشه مسخره‌شون نکرد!

Sara: Aber ... aber solange du nicht wie ich durch ein Kopftuch
        beschränkt wirst, verstehst du nicht, was ich dir sage.

بابک: تو اسیر روسری هستی، ... منم اسیر تو!

Sara: Bin ich für dich wie ein Kopftuch?!

بابک: دقیقاً تو برا من عین روسری می‌مونی؛ تو روسری ببندی خفه میشی،
        من اگه تو نباشی!

Sara: *(Mit sich selbst)* „Du wirst von einem Kopftuch ersäuft und
        ich ohne dich!“

بابک: به جون خودم جدّی میگم سارا! من ...

Sara: Eine Frau muss vieeel Glück haben, einen solchen Satz
        von ihrem Ehemann zu hören; glaub mir!

بابک: خُب وقتی تو اون‌قد خوشبختی که چنین جمله‌ای رو از شوهرت
        می‌شنوی، ... پس بلیطتم مثل اون فرمه پاره کن بریز سطل آشغال،
        بعدشم بمون سر خونه زندگیت دیگه!

Sara: Ich will, aber kann nicht Babak; ... ich kann nicht!

بابک: چرا نمی‌تونی؟! بلیطه پاره نمیشه؟! می‌خوای بده من پاره‌ش کنم!

Sara: Sicherlich kann auch das Ticket zerrissen werden; wie die
        Formulare, die zerrissen wurden!

بابک: پس چی؟!

Sara: Das Problem liegt jedoch nicht an der Ausreisegenehmi-
        gung oder dem Flugticket!

بابک: مشکل چیه پس؟! ... روسریه؟! کلاس رقصه؟! حرکات موزونه؟! چسب‌موشه؟! مرگ‌موشه؟! چیه؟! تو هر بار آخه یه چیزی میگی!!!

Sara: Das Problem hat auch nichts mit dem Rattengift oder Rattenkleber zu tun; aber Kopftuch, Tanzkurs und der Rest von dem, was du gesagt hast, … also ja; die sind doch alle die Probleme!

بابک: شما بمون، همه‌ی مشکلاتو با هم حل می‌کنیم؛ بهت قول میدم!

Sara: Ich kann nicht.

بابک: باز گفت نمی‌تونم!

Sara: Ich kann nicht, weil, wenn ich hier bleibe, dann versinke ich in Kummer!

بابک: همین دو دقیقه پیش اگه می‌موندی، خفه میشدی؛ حالا اگه بمونی دق می‌کنی؟!!! (با پوزخند) داستانی داریم به‌خدا!!!

Sara: Ich habe meine Eltern seit einem Jahr nicht gesehen.

بابک: یک سال نَه و یازده ماه! بعدشم، تو که ...

Sara: Seit elf Monaten oder einem Jahr; das spielt keine Rolle!

بابک: تو که هفته‌ای دو سه بار داری با مامانت چت تصویری می‌کنی؛ نمی‌کنی؟!

Sara: Ist der Video-Chat wie ein persönliches Treffen?! Was sagst …

بابک: می‌دونم که چت عین دید و بازدید واقعی نیست، ولی منم دارم با چت مامان بابامو می‌بینم!

Sara: Wenn deine Mama und Papa auch in Deutschland leben, wenn du sie auch nur mit dem Video-Chat sehen kannst, …

also pack deine Sachen, und lass uns dort leben! ... Selbst wenn wir nicht in Freiburg leben, können wir sie an den Wochenenden und Feiertagen treffen!

بابک:‏ نمی‌تونم.

Sara: Warum kannst du nicht?!

بابک:‏ نمی‌تونم، چون همه‌ی کار و زندگیم این‌جاست، صدبارم قبلاً بهت گفته‌م!

Sara: Aber du hast immer gesagt, dass ich dein ganzes Leben bin!

بابک:‏ هنوزم میگم ... هنوزم میگم همه‌ی زندگی من توئی.

Sara: Wenn du es immer noch sagst, warum belästigst du mich dann so sehr?!

بابک:‏ (کم‌کم دارد عصبانی می‌شود) اذیتت می‌کنم؟!!! کدوم اذیت؟!!!

Sara: Welche Belästigung?!!! Ich bin drei Stunden lang beim Betteln, um eine ganz normale Unterschrift von dir zu bekommen; ist das keine Belästigung?!

بابک:‏ دِ خَره، همه‌ی زندگیمی که اون رضایت‌نامه‌ی کوفتی رو امضاء نمی‌کنم دیگه!

Sara: Ich habe aber auch meine eigenen Rechte und Ansprüche!

بابک:‏ حق و حقوقت همه‌ش محفوظه؛ کدومشو میگی؟!

Sara: Vielleicht möchtest du deine Eltern überhaupt nicht sehen. Ich habe aber das Recht, meine Eltern zu treffen!

بابک:‏ (عصبانی‌تر) بابا تو که تا اون‌جا بودی، سایه‌ی باباتو با تیر می‌زدی؛ حالا چی شده که دلتنگش شده‌ی!

Sara: Er ist auf jeden Fall mein Papa! Er ist Alkoholiker, er ist ein Arschloch, er hat meine Mama so sehr gequält, bis sie sich schließlich von ihm trennen konnte, was auch immer, ist er mein Papa; ich werde ihn vermissen!

بابک: گور پدر باباتم کردن! تو می‌خوای بری که دق نکنی!؟ پس من چی میشم؟!؟

Sara: *(Wütend)* Was kann ich mit dir tun, wenn du dich wie eine Zecke an dein komischen Leben geklammert hast?!!!

بابک: زندگی من مسخره‌ست؟!!!

Sara: Dein Leben ist nicht komisch, sondern sehhhr komisch!

بابک: من این‌جا برا خودم کسی‌ام، برو بیایی دارم تو دانشگاه، کللللی دانشجو دارم؛ پا شم برم اون‌جا تو مک‌دونالد کار کنم؟!!!

Sara: Wer sagte, dass du bei McDonalds arbeiten musst, wenn du in Deutschland lebst?!

بابک: کی گفته؟!؟ من میگم! تازه خییییلی هم باید شانس بیارم که تو مک‌دونالد بهم کار بدن!!!

Sara: Alle deine Zertifikate wurden von deutschen Universitäten ausgestellt und, wenn du es nur ein wenig versuchst, kannst du ganz einfach …

بابک: اصلاً ربطی به این نداره که من تو دانشگاه فرایبورگ درس خوندم یا تو پیام‌نور چُس‌الاغ‌تپه!

Sara: Natürlich ist es wichtig! Du bist der Absolvent der Universität Freiburg und darfst dich bei ihnen bewerben um eine …

بابک: تو فقط می‌خوای هرطور شده بری زیر گوش مامانت؛ دیگه برات فرقی نمی‌کنه من کف مک‌دونالدو تی بکشم یا بشینم سر خیابون، یه کاسه هم بذارم جلوم و …

Sara: Die sind meine Eltern; verstehst du?!

بابک: نه، نمی‌فهمم!

Sara: Ich bin hier, aber mein ganzes Herz und meine ganze See-
le sind bei ihnen!

بابک: (با تمسخر و پوزخند، ولی هم‌چنان عصبانی) چقدم که شما آلمانیا به
پدر و مادرتون وابسته‌اید!!!

Sara: Sind wir nicht abhängig?!!! … Sind wir – die Deutschen –
nicht …

بابک: هستید؟! وابسته‌اید؟! شما امروز هجده سالتون کامل بشه، همون فرداش
از خونه‌ی باباتون رفته‌اید!

Sara: Warum muss man immer noch mit seiner Eltern zusam-
menleben, wenn man volljährig ist?!

بابک: (با خودش حرف زده و ادای سارا را درمی‌آورد) همه‌ی قلب و روحم پیش
پدر و مادرمه!

Sara: Und außerdem; im Moment fragst „du“, als ein Iraner,
nicht nach deinen Eltern!

بابک: تلفنی که باهاشون در تماسم، چت تصویری هم می‌کنیم، سالی یکی دو
بارم میرم می‌بینمشون؛ بیشتر از این دیگه بچه‌ننه‌بازیه!

Pause

مکث

Sara: Geht's meinem Papa nicht gut, Babak!

بابک: مگه زن دومیه‌ش بیست سال ازش جوونتر نیست؟!

Sara: Was hat das damit zu tun?!

بابک: دیگه چشه؛ مرگ می‌خواد؟!

Sara: Sollte er nicht mehr krank werden, nur weil seine Frau zwanzig Jahre jünger ist?!

بابک: نه دیگه؛ زنه بیسسست سال ازش جوونتره؛ هفته‌ای یه بارم که مشت‌ومالش بده، می‌تونه کلّ هفته رو با دُمش گردو بشکونه!

Sara: (Lustlos) Ihr Männer denkt nur an das Bett und an das Alter der Frauen!

بابک: آره، ما مردا فقط تو فکر تختخوابیم و سنّ شما خانوما! شما به من بگو قرار ما از روز اول چی بود؟! یا نکنه اینم یادت رفته!

Sara: Ich habe nichts vergessen!

بابک: (اغراق‌آمیز) خداروشکر خداروشکر، خدارو صد هزاااار ...

Sara: Wir haben ausgemacht, ein- oder zweimal im Jahr unsere Eltern zu besuchen, die in Deutschland leben; ... und?!!!

بابک: خیلی خُب؛ قرار بوده سالی یکی دو بار بریم دیدنشون!

Sara: Na und?!

بابک: حالا میشه بگی همین یکی دوماه پیش چه قراری گذاشتیم؟!

Sara: Vor ein, zwei Monaten haben wir entschieden, zu Ostern nach Deutschland zu fliegen, um ... (Sie unterbricht sich plötzlich und versucht, das Thema zu wechseln) Was meinst du?! Was willst du sagen?! Sag einfach ...

بابک: خُب چش رو هم بذاری عید پاکه؛ مگه مرض داشته‌ی الان پا شده‌ی رفته‌ی بلیط گرفته‌ی!

Sara: Ich habe nur ein Hinflugticket gekauft und es kann jeder-
zeit …

بابک: دیگه بدتر؛ خیلی بی‌جا رفته‌ی بلیط گرفته‌ی، اونم بلیط یه‌سره!
تاریخش حالا کِیه؟!

Sara: Keine Ahnung; einundzwanzig … oder zweiundzwanzig
Tage später! Ungefähr!

بابک: بعد اون‌وقت شما فکر کرده‌ی تو این بیست و یکی دو روز، معجزه‌ای
چیزی رخ میده؟!

Sara: Es wird kein Wunder geschehen; … aber bis dahin, …

بابک: خُب پس چی؟! وقتی معجزه‌ای در کار نیست، دیگه چرا …

Sara: Bis dahin wirst du höchstwahrscheinlich selber …

بابک: (با پوزخند) عجب!!!

Sara: Eigentlich ja; ich habe damit gerechnet, dass du schließ-
lich bis dahin zufrieden sein wirst!

بابک: نشم چی؟! راضی نشم تا بیست و یکی دو روز دیگه، اون‌وقت چه خاکی
تو سرت میریزی؟!

Sara: Also werde ich das Ticket einfach stornieren!

بابک: کنسلش میکنی!!!

Sara: Ja, aber … ich bin sicher, dass du endlich die Ausreisege-
nehmigung unterschreiben wirst!

بابک: مطمئنی؟! مطمئنی که من رضایت میدم؟!

Sara: Ja!

بابک: بچه گول میزنی؟!

Sara: Nein!

بابک: اول رفته‌ی بلیط گرفته‌ی که منو تو کار انجام شده قرار بدی، الانم
می‌خوای سرم گول بمالی خَرَم کنی؟!

Sara: Du wirst schließlich zufrieden sein; ich weiß nur nicht, …

بابک: نمیشم!

Sara: Ich weiß nur nicht, wieso störst du mich!

بابک: از این خبرا نیست! فکر رفتنو از سرت بیرون کن!

Sara: Das ist nicht nur wegen meiner Eltern, Babak; alle meine
Freunde und Freundinnen sind auch dort!

بابک: یه طوری حرف می‌زنی انگار ما داریم وسط کویر لوت زندگی می‌کنیم!
خُب همین‌جا دوست بگیر برا خودت!

Sara: Ich meinte nicht die neuen Freunde oder Freundinnen,
die ich hier …

بابک: آهان، دوستای قدیمیتو میگی!

Sara: Niemand kann die leeren Stellen meiner alten Freundin-
nen besetzen!

بابک: پس یه کاری می‌کنیم اگه کسی نمی‌تونه جای خالی دوستای قدیمیتو
پر کنه؛ … شما همین‌جا بمون، من یه توک پا میرم دوستای قدیمیتو
ورمیدارم و میام! خوبه؟!

Sara: Ich soll hier bleiben, damit du schnell meine alten Freun-
dinnen aus Deutschland holst! … Es ist unmöglich, dass

Menschen in anderen Ländern so wie ihr Iraner über andere Leute spotten können!

بابک: ما ایرونیا طعنه می‌زنیم؟! الان من به تو طعنه زدم یا بهت راهکار دادم؟!

Pause

مکث

Sara: Ich werde hier depressiv!

بابک: (دوباره کم‌کم عصبانی می‌شود) الله‌اکبر! داری افسرده می‌شی؟! الان این بهونه‌ی جدیدته؟! افسردگی؟!

Sara: *(Sehr deutlich und detailliert)* Ich, … werde hier, … in diesem Land, … depressiv; … kannst du das verstehen?!

بابک: چه تضمینی هست اگه جمع کنی بری اون‌جا زندگی کنی، افسرده نشی؟!

Sara: Es gibt keine Garantie, dass ich in meinem eigenen Land …

بابک: تمام! … وقتی ممکنه اون‌جام افسرده بشی، دیگه چه کاریه که …

Sara: Aber hier bin ich!!!

بابک: چی هستی؟!

Sara: Depressiv!!!

بابک: میریم دکترا!

Sara: Ich weiß es selbst, dass ich zum Arzt gehen kann!

بابک: پس نوبت بگیرم؟!

Sara: Das weiß ich auch selber, dass man einen Termin braucht, um zum Arzt zu gehen!

114

بابک: آره دیگه، شما آلمانیا هر چی رو که نشناسید، نوبت گرفتنو خوب می‌شناسید!

Sara: Ist das schlecht, dass wir – die Deutschen – geordnet sind und für alles einen Termin ausmachen?!

بابک: آخه شمام دیگه شورشو دراُورده‌اید؛ بابا زن اونجا بدون قرار قبلی، با شوهرش نمیره زیر پتو!

Sara: Ach Quatsch! Niemand braucht einen Termin, um mit seiner Frau zu schlafen!

بابک: خداوکیلی می‌خواد! اگه هر دوتاشون آلمانی باشن، عمراً مَرده بتونه بدون قرار قبلی ...

Sara: Sag keinen Quatsch, Babak! Meine Stimmung ist gar nicht gut!

Von diesem Moment an werden sie wütender und ihre Wut wächst jeden Moment.

از این زمان، کم‌کم هر دو نفر عصبانی شده و عصبانیتشان هم هر لحظه بیشتر می‌شود.

بابک: پس بگیرم!

Sara: Was?!

بابک: نوبت دکتر دیگه! مگه نمیگی حال روحیت ...

Sara: Du nimm deine eigenen Tabletten ein, ich brauche nicht deine Hilfe, um zum Arzt zu gehen!

بابک: ببین، من بچه نیستم که بخوای هر دقیقه سر خوردن و نخوردن دارو باهام جر و بحث کنی؛ خُب؟!

Sara: Sagte ich, dass du ein Kind bist?!!!

بابک: وقتی هی دم به دقیقه میگی قرصاتو بخور، قرصاتو بخور، قرصاتو بخور، خُب آدم حس میکنه بچه‌ست دیگه!

Sara: Schau mal Herr Erwachsener, … wenn du deine verdammten Medikamente einnimmst, dann wirst du mich nicht so wie ein Hund beißen!

بابک: مطمئنی که دلیلش قرصای منه؟!

Sara: Hundert Prozent!

بابک: شاید ایراد از پاچه‌ی تو باشه که من عین سگ، می‌گیرمش!

Sara: Die sind einfach die Tabletten, das sind die Medikamente, die wurden von deinem Arzt verschrieben; die sind doch kein Rattengift!

بابک: دقیقاً مرگ‌موشه؛ قرصی که شد هر روز، از مرگ‌موشم مرگ‌موش‌تره!

Sara: Na klar; die Tabletten, die man täglich einnehmen muss, sind wie Rattengift! Aber Rattengift, Rattenhuf, Kakerlakengift, oder was für Gifte auch immer; wenn sie dich beruhigen können, dann nimm sie ein und fertig!

بابک: من آرومم!

Sara: Waaas?!!! Bist du ruhig?!!! Bist du jetzt ruhig?!!!

بابک: آره؛ آرومم، نیازی هم بهشون ندارم!

Sara: Du brauchst sie nicht; ich brauche sie!

بابک: آره خُب با این اخلاق گُهِت، واقعاً هم بهشون نیاز داری!

Sara: Ich brauche sie nicht, um sie selber einzunehmen!

بابک: به قرصای من نیاز داری ولی نه به خوردنشون؟!

Sara: Genau!

بابک: نکنه می‌خوای پودرشون کنی (ادای زدن ِ کوکائین به دماغ را درمی‌آورد) بزنی تو دماغ بری فضا!

Sara: Ich brauche sie nicht, um sie einzunehmen oder um sie zu mahlen und mir als Pulver in die Nase *(Sie imitiert die Geste des Babak, um das Kokain durch die Nase zu konsumieren)* zu ziehen und damit ins All zu fliegen!

بابک: پس چی؟!

Sara: Ich brauche sie, damit sie von meinem Mann eingenommen werden!

بابک: هی نیاز نیاز، نیازت این بود؟! که شوهرت اونا رو بخوره؟!

Sara: Sicherlich!

بابک: اون‌وقت که چی بشه؟!

Sara: Damit ich meine Ruhe haben kann; verstehst du?!

بابک: الان آرامش نداری؟!

Sara: Offensichtlich habe ich keine Ruhe! Solange du so nervös und unruhig bist, wird meine Seele definitiv auch ausleiern!

بابک: (حالا دیگر با عصبانیت و البته بخش‌بندی شده) این‌قد، به من، گیر نَده، زن!!! ... بیقراری و باقراری من، هیییچ ربطی به خوردن یا نخوردن این قرصا نداره!!!

Sara: Es bedeutet, dass es dir jetzt besser geht, da du deine Tabletten nicht einnimmst!!!

بابک: بهتر نباشم، بدترم نیستم. به هر حال دیگه نمی‌خوام به اون قرصای کوفتی تکیه کنم ... نفهم، بفهم!!!

Sara: Das ist wunderbar! Du willst selbst nicht mehr von deinen Tablette abhängig sein, möchtest aber einen Termin für mich bei meinem Arzt ausmachen!

بابک: والله به پیر به پیغمبر، خودت همین الان گفتی حال روحیت خوب نیست!

Sara: Ich sage es wieder und werde es noch tausendmal sagen; meine Stimmung ist gar nicht gut!

بابک: بفرما؛ خُب اگه تو مریض نباشی، مگه من مریضم که برم برات نوبت دکتر بگیرم!

Sara: Bist du zum Arzt gegangen, als deine Stimmung in Deutschland nicht gut war?!

بابک: نرفتم؟!!!

Sara: Bist du gegangen?!!!

بابک: صبر کن ببینم؛ ... من اونجا قاط زده بودم، نرفتم بیمارستان؟!!!

Sara: *(Sie schaut Babak in die Augen)* Natürlich bist du nicht gegangen!

بابک: بسه دیگه! تو چِش من نگاه می‌کنه و ...

Sara: Ich habe dich mitgenommen; gewaltsam!

بابک: اگه خودم نمی‌خواستم، تو می‌تونستی منو به زور جایی ببری؟!

118

Sara: Als ich dich auf dem Boden des Zimmers fand, wusstest du nicht einmal, wer ich bin! Wie konntest du widerstehen, mit mir ins Krankenhaus zu kommen?!

بابک: چرت نگو زن؛ اگه ...

Sara: Das ist gar keiner Quatsch!

بابک: اگه نمی‌شناختمت که باهات جایی نمی‌رفتم!

Sara: Aber wenn ich keinen Krankenwagen gerufen hätte, wäre nicht klar gewesen, was mit dir passieren würde!

بابک: آمبولانس خبر نمی‌کردی، نه تنها هییییچ بلایی سرم نمی‌اومد، بلکه به اون چیزی که می‌خواستمم می‌رسیدم!

Sara: *(Ironisch)* Ach so! Dann Entschuldigung, dass ich dich nicht dein Ziel erreichen lassen habe!

بابک: (شمرده‌شمرده) باید از زندگی خسته شده باشی، تا بدونی من اون روزا ...

Sara: Doch bin ich! ... Ich bin jetzt so müde von meinem Leben, dass ich ganz genau verstehen kann, wie es dir damals ging!

بابک: عجب!!! پس تو الان مث اون‌وقتای منی!

Sara: Leider bin ich es!

بابک: یعنی الان من باید شیش دانگ حواسم بهت باشه که نری مثل من سی‌وپنج تا قرصو یه جا بخوری؟!

Sara: Du musst nicht auf mich aufpassen! Ich habe überhaupt keine fünfunddreißig Tabletten zuhause, damit ich wie du die alle zusammen auf einmal schlucken kann!

بابک: همچین مطمئنم نباش!

Sara: *(Entschieden)* Ich werde das niemals tun!

بابک: منم فکر نمی‌کردم اون‌جور کاری بکنم؛ ... ولی کردم!

Sara: Ja, du hast es getan und danach wurdest du drei Tage lang
ins Krankenhaus eingewiesen! Für mich aber sind diese
drei Tage wie drei Jahre vergangen!

بابک: من سه روز تو بیمارستان بودهم، به تو سه سال گذشت؟!

Sara: Ja, natürlich!

بابک: پس خود من چی باید بگم؟!

Sara: Es war schwierig; sowohl für dich als auch für mich!

بابک: بعدشم که زنگ زدی آبرو حیثیت منو پیش خونوادهم بردی!

Sara: Was sagst du?!

بابک: زنگ نزدی؟!

Sara: Konnte ich damals persisch reden, damit ich jemanden
anrufen kann?!

بابک: خودت نزدی؛ ولی تو گفتی که اشکان زنگ زد!

Sara: Also Aschkan war mit mir im Krankenhaus und ich habe
ihn gebeten, deine Familie zu informieren! Habe ich et-
was falsch getan?!

بابک: معلومه بد کاری کردی!

Sara: Sie hätten sowieso wissen müssen, was du für einen Schlamassel angerichtet hat!

بابک: دِ همون دیگه؛ شاید من نمی‌خواستم اونا بدونن چه گندی زده‌م!

Sara: Ich habe gut getan; Ich habe sehr gut getan, dass ich sie informiert habe, weil du dich ein bisschen schämen musstest, für alles, was du getan hast!

بابک: لازم بود خجالت بکشم؟!

Sara: Es war doch nicht schlecht, dass du dich vor denen geschämt hast; das weiß ich. Stattdessen aber ...

بابک: من تا مدتها روم نمیشد تو چشِ مادرم نگاه کنم!

Sara: Stattdessen aber haben sie ihr ganzes Leben im Iran verlassen und sind nach Freiburg umgezogen, damit ihr dummer Sohn nicht irgendwann wieder ...

بابک: اونام که نمی‌اومدن فرایبورگ، من برمی‌گشتم کرج!

Sara: Genau deswegen sind sie nach Deutschland umgezogen; damit du – Verrückter – dort bleiben und dein Studium beenden kannst, und dich nicht verleiten lässt, wieder achthundert Tabletten auf einmal zu schlucken und dich wieder auf dem Boden hinzulegen!

بابک: بعدشم که دیدی؛ درس من تموم شده برگشته‌م ایران، حضرات موندهن همون‌جا دارن برا خودشون از طبیعت قارهی سبز لذت می‌برن!

Pause

مکث

121

Sara: Ich sage es auch! Wir können ebenso bei ihnen sein und wie du gesagt hast, unser Leben auf dem grünen Kontinent genießen!

بابک: عید پاک که بیاد، میریم اونجا یه سر می‌بینیمشون و برمی‌گردیم.

Sara: Einfach so?! Besuchen wir sie zu Ostern und kehren wir dann zurück?!

Pause

مکث

بابک: (بحث را عوض می‌کند) میگم تو می‌تونستی خیلی راحت رضایت منو برا یه مسافرت یکی دو هفته‌ای بگیری، ولی بری و برنگردی! نمی‌تونستی؟!

Sara: Definitiv konnte ich!

بابک: پس چرا این کارو نکردی؟!

Sara: Da ich ein Esel bin! Ansonsten sagte ich, dass ich nur ein paar Tage dorthin will und danach zurückkehren; allerdings würde ich nie zurückkehren!

بابک: خر بودنت که چیز تازه‌ای نیست؛ خبر جدید چی داری؟!

Sara: *(Lustlos)* Wenn es für dich nicht neu ist, dass ich ein Esel bin, dann kauf eine Zeitung; ... dort werden die neuen Nachrichten veröffentlicht!

بابک: والله من از وقتی که می‌شناسمت، همیشه یه رگ خرّیتی داشته‌ی!

Sara: Niemals! Ich war auf keinen Fall von Anfang an ein Esel! Danach aber wurde ich allmählich ...

بابک: بعد اون‌وقت دقیقاً از کی بود که احساس کردی داری خر میشی؟!

Sara: Seit ich …

بابک: حالا از سؤال من سوءاستفاده کن بگو از وقتی اومده‌ی ایران؛ باشه؟!

Sara: Nein! Schon lange, bevor ich in den Iran gekommen bin und hier leben wollte, habe ich mich in einen Esel verwandelt! Ich bin ein Esel geworden, seit ich zu deinem Heiratsantrag Ja sagte!

بابک: خر شدی که به پیشنهاد ازدواج من جواب مثبت دادی؟!!!

Sara: Ja, weil ich ganz einfach einen Landsmann heiraten könnte, und dann hätte ich kein solches Problem, das ich jetzt habe!

بابک: پس چرا نکردی؟!

Sara: Das habe ich nicht getan, weil …

بابک: مگه کلی هموطن دور و برت نبود؟! خُب می‌رفتی با یکیشون …

Sara: Das habe ich nicht getan, weil ich mich verliebt habe!

بابک: آخرش چی شد؟! خر شدی یا عاشق شدی؟!

Sara: Verliebt!

بابک: عاشق کی؟!

Sara: In dich!!

بابک: عاشق من؟!

Sara: Ja!!!

بابک: الان چی؟! … هنوزم عاشقمی؟!

Sara: Wenn ich dich nicht geliebt hätte, hätte ich ganz genau
das getan, was du jetzt gesagt hast!

بابک: کدوم کارو؟! کلَک بزنی بری و برنگردی؟!

Sara: Ja, sicher! Und du hattest mir genug vertraut, um die Aus-
reisegenehmigung zu unterschreiben; würdest du es jetzt
aber nicht tun?!

بابک: چرا امضاء نمی‌کردم! همین الانشم تو تو چش من نگاه کن بگو میری و
برمی‌گردی، مرد نیست هر کی امضاء نکنه!

Sara: Nein, ich kann dich nicht anlügen!

بابک: بفرما؛ دروغ که میگی نمی‌تونم بگم، این‌جام که میگی نمی‌تونم بمونم!

Sara: Nein, ich kann weder hier bleiben noch dich anlügen; je-
doch kann ich …

بابک: پس چی؟! چیکار می‌خوای بکنی آخرش؟!

Sara: Ich kann weder hier bleiben noch dich anlügen; jedoch
kann ich immer noch hoffnungsvoll bleiben!

بابک: به چی امیدوار بمونی؟!

Sara: Hoffnungsvoll, um irgendwann deine Meinung sich zu
ändern, damit du auch mit mir kommst! … Oder du …

بابک: نظرم که عوض نمیشه؛ اینو مطمئن باش.

Sara: Oder du akzeptierst es, dass wir ein Paar bleiben, aber ich
lebe dort und du lebst hier.

بابک: تو اون‌جا زندگی کنی و من این‌جا، اون‌وقت زن و شوهرم باقی بمونیم؟!
مگه میشه؟!

Sara: Warum nicht?! Wir werden ein oder zwei Monate im Jahr zusammenleben!

بابک: یکی دو ماهِ سالو با هم زندگی کنیم؟!!!

Sara: Ja!

بابک: اون‌وقت یکی دو ماهه‌رو کجا زندگی می‌کنیم؟!

Sara: Das sind nur ein oder zwei Monate; entweder hier oder in Deutschland; einmal wirst du kommen, und ein anderes Mal werde ich …

بابک: بعد بقیه‌ی سالو چه خاکی تو سرمون بریزیم؟!

Sara: Keine Ahnung, Babak!

بابک: نمی‌دونی؟!!!

Sara: Wir werden endlich auch eine Lösung für den Rest des Jahres finden; momentan weiß ich es wirklich nicht!

بابک: تو دقیقاً چی می‌دونی؟! میشه به من بگی؟!

Sara: Ja; ich weiß es, dass ich mich nicht von dir trennen kann!

بابک: نمی‌تونی ازم جدا شی؟!!!

Sara: Nein; ich kann wahrlich nicht!

بابک: ولی داری همه‌ی زورتو میزنی که جدا شی!!!

Sara: Was?!!! Wann habe ich versucht, mich von dir zu trennen?!!!

بابک: الان داری چیکار می‌کنی پس؟!

Sara: Ich versuche nur, deine Einstellung zu ändern!

بابک: پس بذار برا هزارمین بار بهت بگم که (شمرده‌شمرده) من نظرم عوض
نمیشه، چون همه‌ی کار و زندگیم این‌جاست!

Sara: *(Mit sich selbst)* Er sagt es wieder: mein Job und mein Leben!

بابک: بعدشم تو فکر می‌کنی فقط خودت تنها نمی‌خوای جدا شی؟!

Sara: Heißt das, dass du dich auch nicht von mir trennen willst?!

بابک: Denkst du wirklich, dass ich mich von dir trennen kann?!!!
Du bist in den bittersten Tagen meines Lebens bei mir
geblieben und, als ich gar keine Motivation hatte, um
lebendig zu bleiben und weiterzuleben, du hast mich nicht
allein gelassen! ... تو بدترین روزای زندگیم، به غیر از تو، هیچکس
Denkst du, dass کنارم نبودا! نه یادم میره، نه می‌تونم ازت جدا شم!
ich es vergessen werde?!!! ... غیر از این بود، Auf keinen Fall!
رضایت میدادم تا بری، بعدشم یه نفس عمیقی می‌کشیدم و دو دستی
Ja, mein Problem ist genau das, dass ich زندگیمو می‌چسبیدم!
mich nicht von dir trennen kann!

Schweigen

سکوت

Sara: *(Sie berührt von dem, was Babak gesagt hat)* Ich habe ... ich
habe eigentlich auch noch ein anderes Problem!

بابک: خسته نباشی؛ پس مشکل دیگه‌ای هم داری! کلاً سر تا پات مشکله‌ها؛
می‌دونستی؟!

Sara: Vielleicht, wenn ich meine ganze Energie aufbringe und
es mit all meiner Kraft versuche, kann ich mich davon
überzeugen, mich von dir zu trennen, aber ...

بابک: چی؟!!! ... اگه همه‌ی انرژیتو بذاری، شاید بتونی خودتو راضی کنی که ازم جدا شی؟!!! جدّی میگی؟!!!

Sara: Vielleicht! Ich sagte vielleicht!

بابک: شاید بتونی؟! خُب چرا سعیتو نمی‌کنی؟!

Sara: Aber es steht neben diesem „vielleicht" auch ein sehr dickes „aber"!

بابک: پس ولش کن دیگه؛ اگه هم "شاید" داره هم "ولی"، دیگه حرفشو نزنی فکر کنم سنگین‌تری!

Sara: Aber ... selbst wenn ich mich von dir trennen kann, ist mein nächstes Problem, dass ich auf keinen Fall sehen kann, dass du ...

Sie ist so sehr emotional geworden, dass es schwierig ist, weiterzusprechen und deswegen schweigt sie unweigerlich für einen Moment.

سارا، به گونه‌ای احساساتی می‌شود که ادامه دادن، برایش دشوار شده و به ناچار، لحظه‌ای سکوت می‌کند.

بابک: خُب؛ داشتی می‌گفتی ... اگه جدا بشیم، بعدش نمی‌تونی چیو ببینی؟!

Pause. Sara versucht, ihre Emotionen zu kontrollieren.

مکث. سارا می‌کوشد تا احساساتش را کنترل کند.

Sara: Danach ... kann ich nicht ... ich kann wirklich nicht sehen, ... dass du ...

بابک: جون بکن بابا ببینم چی میگی!

Sara: Danach kann ich auf keinen Fall sehen, dass du … einer anderen Frau gehörst!

بابک: (با پوزخند) همین؟!

Sara: Eigentlich ja!

بابک: بعدش که تو دیگه اصلاً اینجا نیستی!!!

Sara: *(Sehr überrascht)* Waaaas?!!!

بابک: اگه جدا بشیم مگه نمی‌خوای برگردی کشورت؟!

Sara: Na und?!!!

بابک: دیگه اینجا نیستی که ببینی من مال یه زن دیگه هستم یا مال چهارتا زن دیگه!

Sara: Noch vieeer Frauen?!!!

بابک: آره پس چی! ما مسلمونا تا چهارتا رو که شرعاً اجازه داریم بگیریم! بیشتر از چهارتا رو دیگه باید زیرآبی باید رفت!

Sara: *(Mit einem starken Gefühl des Eigentums)* Sollst du vier Frauen heiraten, wenn ich nicht mehr hier wäre?!!!

بابک: وقتی نیستی دیگه چه فرقی می‌کنه!

Sara: Ich werde es aber irgendwann erfahren, sogar, wenn ich nicht hier bin!

بابک: خبر چی بهت میرسه؟!

Sara: Die Nachricht, dass du, als muslimischer Mann, gleichzeitig vier Frauen geheiratet hast!

بابک: (بابک بیشتر سر به سر سارا می‌گذارد؛ البته با همان اخمی که از ابتدا تا انتهای نمایشنامه در چهره دارد) خبرش چه اهمیتی داره؛ اصلش اینه که نیستی تا با چِش خودت دست منو تو دست یه زن دیگه ببینی!

Sara: Es macht keinen Unterschied! Zu sehen, dass mein Ex-Mann mit einer anderen Frau verheiratet ist, ist genauso schlimm wie die Nachricht von dieser Katastrophe zu hören!

بابک: چرا دیگه؛ از قدیم گفتن شنیدن کی بود ماندن دیدن! Lerne noch eine andere persische Redewendung: Zu hören ist nie wie zu sehen!

Sara: *(Mit sich selbst)* Oh mein Gott; sogar darüber nachzudenken, macht mich wütend!!!

بابک: Echt?!

Sara: Macht mich nur wütend?!!!

بابک: عجب! پس حتی فکرشم اذیتت می‌کنه!

Sara: Es macht mich verrückt!

بابک: (بلافاصله) اسیدا!!!

Pause

مکث

Sara: *(Überrascht)* Waaaaas?!!!

بابک: اسیدا! ... Säure; die Säure! آرتیکلم داره!

Sara: Was für eine Säure?!

بابک: اسید بیسواد؛ اسید! اسید نمی‌دونی چیه؟!

Sara: Ich weiß, was eine Säure ist; weiß aber nicht, was du meinst!

بابک: منظورم اینه که چرا نمیری سراغ اسید؟!

Sara: Warum gehe ich nicht zur Säure, bedeutet: Warum wähle ich keine Säure?!

بابک: آره؛ به جون خودم اسید جواب میده!

Sara: Jetzt bin ich verwirrt!

بابک: چرا گیج شده‌ی؟!

Sara: Ich bin verwirrt, weil ich nicht verstehen kann, ob du ernst bist oder ob du Witze machst!

بابک: شوخی چیه؛ دارم جون خودمو قسم می‌خورم!

Sara: Hör mal auf, Babak!

بابک: با اسید مشکلت حل میشه، شک نکن!

Sara: Ist der Abfluss unseres Spülbecken verstopft, dass du mir Säure anbietest?!

بابک: با اسید فقط راه‌آب ظرف‌شویی باز می‌کنن؟!

Sara: Ich verstehe das nicht! Denn was kann ich mit der Säure tun?!!!

بابک: با اسید چیکار می‌تونی بکنی؟!!! با اسید، چه کارا که نمی‌تونی بکنی!!!

Sara: Zum Beispiel?!

بابک: مگه نمیگی شوهرتو دوست داری؟

Sara: Ja, ich liebe meinen Mann; und?!

بابک: مگه نمیگی نمی‌تونی ببینی با یه زن دیگه‌ست؟!؟!

Sara: Nein, ich kann ihn nicht mit einer anderen Frau sehen; und?!

بابک: وااای، چقد تو گیجی زن!

Sara: *(Sie versteht erst jetzt, was Babak meint)* Warte mal; … soll ich die Säure auf das Gesicht dieser Frau sprühen?!!!

بابک: زن؟! کدوم زن؟!

Sara: *(Unsicher)* Auf das Gesicht deiner zukünftigen Frau! Das meinst du?!

بابک: خَره اسید بپاشی تو صورت زنه، خُب شوهرت میره یه زن دیگه می‌گیره که هنوز روش اسید نریخته باشن!

Pause

مکث

Sara: Auf dein Gesicht!!! Das meinst du?!!!

بابک: چرا که نه؟!

Sara: Wasss?!!!

بابک: آره به‌خدا؛ مُد روزه! هم مُد روزه، هم کلی کلاس داره!

Sara: Was ist modern?!

131

بابک: اسیدپاشی خُب ... ! Was ist modern مانتو خفاشی ist modern?!!! دیگه!

Sara: Ist das Säuresprühen modern?!!!

بابک: آره؛ (می‌کوشد تا ماجرا را کوچک و عادی جلوه دهد) یارو جواب نه که می‌گیره، یه خرده اسید می‌پاشه تو صورت طرف تا هیچ‌کس دیگه هم نخوادش!

Sara: Wow!!! Ich muss ein wenig Säure auf dein Gesicht sprühen, damit keine andere Frau dich will!!!

بابک: دهن من خُب البته صاف میشه، ولی نتیجه‌ش برا تو تضمینیه!

Sara: *(Mit sich selbst)* Das ist kein schlechter Vorschlag! Warum habe ich selbst nicht daran gedacht?!

بابک: پیشنهاد بدی نیست؟!؟ محشره!

Sara: Und wo finde ich diese Säure?!

بابک: تو بابا یارو گفته مرگ‌موش ندارم، عین گرگ از دستش درآُوردی؛ ... این که دیگه اسیده!

Sara: *(Sie ist verblüfft, aber versucht es sich nicht anmerken zu lassen)* Was?!

بابک: Ja; ... das Rattengift war nicht verfügbar, jedoch hast du es vom Verkäufer gekauft; ... die Säure ist bestimmt einfacher! ... همون راه‌آب ظرفشویی هم که گفتی خیلی عالیه؛ بگو راه‌آبمون گرفته! البته راه‌آب ظرفشوئیمون!

Sara: Das Rattengift ist für die Mäuse; vergleichst du das mit der Säure?!

132

بابک: خُب اون برا موشه، اینم برا آدمه! آدم و موش نداره که! تازه با همین مرگ‌موشی که برا موشا ساخته شده هم میشه ...

Sara: *(Sie ist offensichtlich fahrig und unterbricht Babak)* Babak?!!!

بابک: چی شد؟! باز این‌جوری گفتی "بابک"؟!

Sara: *(Sie gibt vor, gelangweilt zu sein)* Ich rufe dich Babak, weil du Babak heißt!

بابک: Natürlich heiße ich Babak! ... ولی این‌جوری که صِدام می‌زنی یعنی یه فکرایی تو سرته که من دوسِشون ندارم!

Sara: به خدا من نمی‌دونم! ... Seit vier Jahren lebe ich mit dir zusammen, aber ich weiß immer noch nicht, wie ich dich nennen soll!

بابک: خِنگی دیگه؛ وقتی بعد از چهار سال، هنوز نمی‌دونی چه‌جوری باید شوهرتو صدا بزنی، خُب معلومه که ...

Sara: Kannst du bitte mit diesem Thema aufhören?! ... Bitte!

بابک: من؟! ... خودت شروع کرده‌ی، خودتم زحمت بکش تمومش کن!

Sara: Guck mal Schatz, ...

بابک: منم از خدامه که تمومش کنی!

Sara: *(Verwirrt)* Guck mal mein Schatz, ... der Unterschied zwischen dem Vorhandensein und dem Nichtvorhandensein dieses Problems ist nur eine Unterschrift!

بابک: چرا معطلی؟! خُب بزن بره!

Sara: Was?! Was soll ich tun?!

بابک: امضاء! ... وقتی فاصله‌ی بود و نبود این مشکل، فقط یه امضاءست، خُب بزن امضائه رو قال قضیه رو بکن دیگه!

Sara: *(Verwirrt und auch noch wütend)* Es ist nicht meine Unterschrift, Babak; ... es ist deine!

بابک: امضاء رو کسی می‌کنه که راضی باشه!

Sara: Also unterschreibst du es nicht, weil du nicht einverstanden bist!!!

بابک: Genau! معلومه که راضی نیستم! تو هم یه‌جوری تعجب نکن انگار اولین باره داری اینو می‌شنوی! صد بار گفتهم، اگه لازم باشه، هزار بار دیگه هم میگم!

Sara: Siehst du?! Deswegen sage ich, dass ich hier als Geisel genommen wurde!

بابک: شما به هیچ عنوان گروگان نیستی!

Sara: Denn was bin ich, wenn ich keine Geisel bin?!

بابک: شما فقط یه زن مسلمونی که شوهرت فعلاً بهت اجازه خروج از کشور رو نمیده! *(با تأکید بیشتر)* فعلاً!

Sara: Und nur, weil ich eine Muslimin bin, muss ich meinem Mann gehorchen; oder?!

بابک: نباید تمکین کنی؟!

Sara: Das heißt, egal was er sagt; ich muss auf jeden Fall ...

بابک: آره و یه مسلمون واقعی هم هیییچ مشکلی با این قضیه نداره!

مکث. هم سارا و هم بابک، کم‌کم از کوره در می‌روند.

Sara: Weißt du; … ich habe einen Fehler gemacht!

بابک: می‌خواستی نکنی؛ … (شمرده‌تر) می‌خواستی اشتباه نکنی!

Sara: Ich habe einen Fehler gemacht, weil ich dich anlügen hätte sollen, dass meine Mutter krank ist und ich sie nur eine Woche lang besuchen möchte, und danach hätte ich zu ihr fliegen und nie wieder zurückkehren sollen!

بابک: (متعجب، عصبی و شاکی) چی؟!!!

Sara: Du hast richtig gehört!

بابک: به بهونه مریضی مادرت می‌رفتی و دیگه هم برنمی‌گشتی؟!

Sara: Ja, ich hätte das tun sollen!

بابک: جرأت می‌خواست که تو نداری!

Sara: Ja stimmt; du hast recht! Ich habe keinen Mut! Ich sollte gehen, um dir zu zeigen, wie mutig ich bin!

بابک: منم همین‌طور دست رو دست می‌ذاشتم تا تو بری!!!

Sara: Was könntest du tun?!

بابک: بری که مثلاً به من نشون بدی چقد جرأت داری و چقد …

Sara: Falls meine Füße die Erde meines Heimatlandes erreichen, könntest du nichts tun! *(Sie schreit)* Gar nichts!!!

بابک: کاری نمی‌تونستم بکنم؟!

Sara: Nein; was könntest ...

بابک: پا میشدم می‌اومدم تو همون خاک وطنت که پات بهش رسیده بود و احساس امنیت می‌کردی، تو بغل مامانت (دستش را به شکل تفنگ درآورده و انگشتانش را به عنوان لوله‌ی تفنگ، بر سر سارا می‌فشارد) یه گلوله تو مغزت خالی می‌کردم و برمی‌گشتم، آشغال!

Sara: *(Mit einem demütigenden Tonfall)* Halt die Klappe! *(Heldenhaft)* Die Frau, die Angst vor der Waffe oder dem Geschoss hat, ist keine Deutsche!

بابک: آره خُب زن آلمانیئی که تو باشی، نبایدم از گلوله بترسه؛ چون اصولاً مغزی نداره که آدم بخواد بهش شلیک کنه!

Sara: Du solltest eine iranische Frau heiraten, weißt du?! Sie wäre arm und lautlos und wenn sie dich wütend macht, könntest du ihr ganz einfach – wie du gesagt hast – ins Gehirn schießen!

بابک: یه تار گندیده‌ی موی زن ایرونی، می‌ارزه به یه صدتا زن خُل‌وچل آلمانی! ... (با اشاره به سارا) ایناها؛ یکیشم من دارم!

Sara: Ich komme aber aus einem Land, in dem eine Frau zur Bundeskanzlerin gewählt wird!!!

بابک: شما آلمانیا خسته نمی‌شید این‌ن‌ن‌قد پُز آنگلا مرکلو میدید؟!!!

Sara: *(Ruhig, geduldig und sehr ernst)* Guck mal Babak, das ist mir scheißegal, ob Merkel weiblich, männlich oder bisexuell ist! Okay?! ... *(Sie warnt ihn mit der Betonung des Wortes „dieses")* Dieses Spiel ist aber kein gutes!!!

بابک: اِه، بازی خوبی نیست؟!

136

Sara: Nein, auf keinen Fall!

بابک: خُب تمومش کن!

Sara: Ich kann es nicht!

بابک: معلومه که می‌تونی!

Sara: Ich habe keine Macht, es zu beenden; ... du aber schon!

بابک: دست من اگه باشه، این بازی همین الان تمومه؛ ... چون به هر حال، نظر من عوض نمیشه!

Sara: Dieses Problem kann entweder mit einem Happy End beendet werden oder ...

بابک: Oder چی؟! مشکل ما می‌تونه با خیر و خوشی تموم بشه، یا چی؟! الان داری تهدید می‌کنی؟!

Sara: Das ist keine Drohung!

بابک: تهدیده دیگه؛ پس چه کوفتیه اگه ...

Sara: Das ist keine Drohung; ... das ist eine Bitte!

بابک: من نمی‌فهمم چرا شما فَک‌فامیلای هیتلر، خواهشاتونم مثل تهدیده!

Sara: Ich bin gar nicht mit Hitler verwandt; okay?!

بابک: اوه! خییییلی هم دلت بخواد که فامیل هیتلر ...

Sara: Und wie fast alle Deutschen schäme ich mich für das, was er getan hat!

بابک: همه‌تون اینو میگید، ولی کاراتون عین هیتلره!

Sara: Ach Quatsch!

بابک: الان خواهش کردنتو دیدی؟! اینجوری خواهش میکنن؟!

Sara: Wie soll ich dich nun bitten, ohne dass du denkst, dass ich dich bedrohe?! ... Lieber Babak, Schatzi, „bitte"! ... War das gut?!!!

بابک: لطفاً چی؟!

Sara: *(Nervös)* „Bitte" was?!!! ... Bitte, dass ...

Sara spricht nicht mehr mit Babak, und zeigt den Rest des Satzes nur mehr mit ihrer Körpersprache, indem sie mit dem Finger einer Hand so tut, als würde sie auf die Handfläche ihrer anderen Hand unterschreiben.

سارا، بقیهی حرفش را با زبان بدن میزند. به این ترتیب که انگشت یک دستش را به نشانهی امضاء کردن، بر کف دست دیگرش میکشد.

بابک: *(عصبی و بیقرار)* اصلاً حرفشم نزن!

Sara: Also, ... dann möchtest du nicht ...

بابک: *(عصبانیتر)* اون فرم، حکم نابودی زندگی ماست دیوانه! تو میخوای من با دست خودم ...

Sara: *(Sehr wütend)* Ist es möglich, dass du unser Problem nicht auf ein Stück Papier beschränkst?!

بابک: پس تو چه مرگته اگه مشکلت اون یه تیکه کاغذ نیست؟!

Sara: Unser Problem ist zu groß, um in ein Formular zu passen!

بابک: مشکلو کی ساخته؟! من؟!

Sara: Es spielt keine Rolle, wer das Problem verursacht hat; wichtig ist, dass wir es lösen!

بابک: خُب حلش کن!

Sara: Ich kann es nicht; ohne deine Hilfe geht es nicht!

بابک: رو من یکی حساب نکن! این مسخره‌بازی رو خودت شروع کرده‌ی، خودتم باید تمومش کنی!

Sara: Ich muss selbst eine Lösung finden, wenn du mir nicht helfen willst!

بابک: بکن بابا، منم که دارم همینو میگم! خودت یه راه‌حلی براش پیدا کن، دمتم گرم!

Sara: (Geheimnisvoll und etwas bedrohlich) Aber die Lösung, die ich wahrscheinlich finden werde, ist bei dir möglicherweise nicht sehr beliebt; hast du kein Problem damit?!!!

بابک: (با پوزخندی تحقیرآمیز) تو اگه می‌خواستی از این تهدیدا چیزی دستتو بگیره، باید زن یه آلمانی میشدی!

Sara: Das war auch keine Drohung!

بابک: بود، تهدید بود؛ هم این تهدید بود، هم قبلی! الانم برو هر خاکی که می‌خوای تو سرت بریز؛ فقط مشکلی که ساختی رو تمومش کن!

Sara: Mit Problem, ohne Problem, mit Lösung, ohne Lösung; ich werde sowieso nicht mehr hier bleiben!

بابک: به دَرَک که نمی‌مونی!

Sara: Tatsächlich kann ich nicht bleiben!

بابک: نتون! ... بتون نتون بمون نمون؛ من که اینجام، از جامم تکون نمی‌خورم!

Sara: Wunderbar; dann bleib hier!

بابک: معلومه که می‌مونم!

Pause. Sara beruhigt sich ein wenig und beruhigt auch Babak mit ihrer relativen Ruhe.

مکث. سارا کمی آرام شده و با آرامش نسبی‌اش، موجبات آرام‌تر شدن بابک را نیز فراهم می‌کند.

Sara: Bleibe hier! Okay?! Aber glaube nicht, dass ich eine ande-re Frau ertragen kann, die mit meinem Mann in diesem Haus lebt! Denke nicht, dass ich meinen Anteil an diesem Doppelbett einer anderen Frau schenken werde!

بابک: (با پوزخند) یه طوری حرف میزنی انگار دویست تا زن در این خونه صف کشیده‌ن که تا تو رفتی، بیان بپرن تو بغل شوهرت! ولمون کن بابا!

Sara: Im Moment nicht; ... im Moment warten nicht zwei-hundert Frauen vor unserem Haus, um meinen Mann zu stehlen!

بابک: خدا رو شکر؛ خدا رو صد هزار مرتبه شکر که هیچ زنی نمی‌خواد شوهرتو بدزده! پس دیگه تو ...

Sara: „Im Moment" sagte ich! ... *(Deutlich und detailliert)* Im, Mo, ment! Aber ihr, die Männer, seid doch immer bereit, euren Gürtel zu öffnen!

بابک: چرا؟!

Sara: Warum was?!

بابک: چرا ما مردا همیشه آماده‌ایم کمربندامونو باز کنیم؟!

Sara: Keine Ahnung! Es reicht, dass eine Frau euch grünes Licht gibt; danach werdet ihr euren Fuß ganz fest aufs Gaspedal drücken und bis zum Ende fahren!

بابک: چرا؟!

Sara: Warum was?!

بابک: چرا یه زن باید به مردی که زن و بچه داره، چراغ سبز نشون بده؟!

Sara: Ja, das stimmt! Keine Frau darf einen verheirateten Mann anblinzeln, aber ihr, die Männer, seid auch ...

بابک: تمام! Fertig! ... وقتی شما زنا خودتون به همدیگه رحم نمی‌کنید، دیگه چه انتظاری از ما مردا دارید؟!

Sara klopft plötzlich an ein Accessoire der Szene – zum Beispiel an die Ecke des Tisches – mit einem nicht so starken Schlag, um Babaks Rede zu unterbrechen und seine Aufmerksamkeit zu erregen.

سارا با ضربه‌ی نه چندان محکمی که ناگهان بر نقطه‌ای از صحنه – مثلاً گوشه‌ی میز – می‌زند، صحبت بابک را قطع، و توجه او را جلب می‌کند.

Sara: Wo denkst du dir ihn jetzt?!

Pause

مکث

141

بابک: ‏(متعجب و گیج) چی؟!!!

Sara: Wo denkst du dir ihn jetzt?!!!

بابک: ‏کی؟! چی میگی برا خودت؟! کی الان کجاست؟!

Sara: *(Sie protestiert)* Ahaaaaa! Überleg mal ein bisschen! *(Pause)*
Wo denkst du …

بابک: ‏(ناگهان متوجه می‌شود. بی‌حوصله) وااای؛ نه نه نه سارا!

Sara: Doch!

بابک: ‏(با خودش) ای خداااا! دوباره پرونده‌ی آنتونیوس تو خونه‌ی ما باز شد!

Sara: *(Sie spielt immer noch wie eine Theaterschauspielerin)* Die Akte
von Arschloch Antonius wird nie für mich abgeschlossen
werden! *(Mit den Bewegungen ihrer Hände bittet sie Babak,
sie bei dem Dialog zu begleiten)* Wo denkst du dir ihn jetzt?

*Babak wiederholt auf Persisch al-
les, was Sara auf Deutsch sagt, aber
aus Langeweile spielt er keine Rol-
le wie Sara.*

‏بابک فقط آنچه سارا می‌گوید را به
زبان فارسی تکرار کرده، ولی از سرِ
بی‌حوصلگی مثل او نقش بازی نمی‌کند.

بابک: ‏گمان می‌کنی که هم‌اکنون او کجاست؟

Sara: Sag, steht er?

بابک: ‏به من بگو که آیا او ایستاده است؟

Sara: Sitzt er?

142

بابک: نشسته است؟

Sara: Wie, geht er wohl?

بابک: *(این‌بار، نفس عمیقی هم از سرِ بی‌میلی می‌کشد)* چه کار می‌کند؛ راه
می‌رود؟!

Sara: Sitzt er auf seinem Pferd?

بابک: آیا سوار بر اسب خویش است؟

Sara: Oh, glückliches Pferd, Antonius' Last zu tragen!

بابک: *(با اغراقی از سر تمسخر)* آه ه ه ه ه ... چه خوشبخت است آن اسبی
که وزن آنتونیوس را تحمل می‌کند!

Sara: Sei stolz, mein Pferd!

بابک: افتخار کن ، اسب من!

Sara: Weißt du wohl, wen du trägst?

بابک: آیا می‌دانی کِه را بر پشت خود حمل می‌کنی؟

Sara: Den halben Atlas dieser Erde, Schild und Schutz der Welt!

بابک: کسی که چون نیم‌اطلسی، نیمی از بار کره‌ی خاک را بر پشت خویش
داشته، و محافظ جهان است!

Sara: Jetzt spricht er, oder ...

بابک: *(شدیداً معترض و بی‌حوصله)* اَهَههههه؛ ... بابا وا بده دیگه!!! حالا سر کرده
زیر دیالوگ ...

Sara: Aber weißt du, wo Antonius war und was er tat, als Cle-
opatra das sagte?!

بابک: (آن‌چنان خونسرد، که گویا آنتونیوس را به خاطر کاری که کرده، ستایش می‌کند) معلومه که می‌دونم! وقتی کلئوپاترا داشت تو مصر این چرت‌وپرتا رو بلغور می‌کرد، آنتونیوس داشت تو روم، عین یه مرررد، آماده می‌شد که با یه زن دیگه ازدواج کنه! شما مشکلی داری؟!

Sara: Was?!!! Befürwortest du jetzt den Verrat eines Mannes an seiner Frau?!!!

بابک: تأئیدش می‌کنم چون هییییچ ربطی به ما نداره! آخه مگه به تو خیانت کرده؟!

Sara: Aber gerade als seine Geliebte in Ägypten war und sie litt, weil sie von ihrem Mann weg war, bereitete sich dieses Arschloch in Rom vor, eine andere Frau zu heiraten!!!

بابک: الان چیکارکنم؟!!!

Sara: Nichts! Was kannst du …

بابک: (بی‌اعتنا به جواب سارا، کلام او را می‌بُرد) چون یه روزی نقش آنتونیوسو بازی کرده‌ام، حالا باید تاوان کاراشو بدم؟!

Sara: Habe ich gesagt, dass du dafür bestraft werden sollst, weil Antonius Cleopatra verraten hat?!!!

بابک: منظورت ظاهراً …

Sara: Nein; ich möchte nur sagen, dass die Männer niemals vertrauenswürdig sind, sogar wenn …

بابک: به مردا نمیشه اعتماد کرد؟!

Sara: Nein; sogar wenn …

بابک: خُب نکن؛ اعتماد نکن، یه جوری به بقیه‌ی زنام خبر بده که نکنن! دیگه چرا داری به من میگی؟! مگه من …

144

Sara: Ich möchte nur sagen, dass Männer niemals vertrauens-
würdig sind, sogar wenn keine zweihundert Frauen vor
ihrem Haus warten, um mit ihnen ins Bett zu gehen!

بابک: *(با خونسردی)* آفرین! به مرد جماعت نمیشه اعتماد کرد، حتی اگه
دویست‌تا زن در خونه‌ش صف نکشیده باشن که خودشونو بندازن تو
بغلش! ... حالا مِیشه یه ...

Sara: *(Geheimnisvoll)* Aber eine schlaue Frau wartet nicht untä-
tig darauf, dass so etwas passiert!!!

بابک: *(با طعنه)* عجب کشف بزرگی کردی!

Sara: Das ist gar keine große Entdeckung; ich meinte nur ...

بابک: پس زن اگه باهوش باشه، دست رو دست نمیذاره تا کارش به اون‌جا
بکشه!!!

Sara: Genau!

بابک: بازم آفرین! حالا میشه یه لیوان آب بدی ما قرصمونو بخوریم؟!

Pause

مکث

Sara: *(Sehr überrascht)* Wasss?!!!

بابک: آب!

Sara: Was möchtest du?!!!

بابک: آب؛ آب می‌خوام! بَده؟!

Sara: Möchtest du Wasser?!!!

بابک: (به خاطر تعجب بیش از حد سارا، گیج شده است) آره، می‌خوام قرصمو
بخورم!

Sara: Möchtest du Wasser, um deine Tablette einzunehmen?!!!

بابک: (هم‌چنان گیج، ولی این‌بار با طعنه) نه بابا، چه قرصی چه کشکی! می‌خوام
بزنم صورتم، خواب از چِشَم بپره! خُب می‌خوام قرصمو ...

Sara: (Voller Hass und Verzweiflung) Du widerst mich an!!!

بابک: (مکث. با تعجب) جان؟!!! ... حالت از من به هم می‌خوره؟! الان من اصلاً
چیزی گفتم؟! چرا عین خُل‌وچِلاّ یهو الکی قاطی می‌کنی؟!

Sara: Du tust sehr gut daran, mein Schatz, dass du deine Tab-
letten nicht einnimmst; okay?! ... Nun soll ich dir etwas
Wasser holen?

Sara will die Bühne verlassen, um
ein Glas Wasser für Babak zu ho-
len, aber Babak stellt eine Frage
und sie hält kurz an, um ihm zu
antworten.

سارا قصد ترک صحنه و آوردن یک لیوان
آب برای بابک را دارد، ولی با سؤال بابک،
موقتاً از رفتن بازمی‌ایستد تا جواب او
را بدهد.

بابک: صبر کن صبر کن؛ آب تو سرت بخوره؛ الان این طعنه بود؟! خیلی خوب
کاری می‌کنم قرصامو نمی‌خورم؟!

Sara: (Lustlos) Ich weiß nicht, ob das, was ich dir gesagt habe,
eine Ironie oder eine Bedrohung war, ... trotzdem bist du
wie ...

بابک: طعنه‌ست دیگه! طعنه میزنی، اونم به ایرونی‌جماعت که خودش استاد
متلک بستن به ناف مردمه؟!

Sara: Da du genauso dickköpfig wie ein Kind bist, dachte ich, wenn ich es dir so sage, wirst du vielleicht deine Tabletten einnehmen!

بابک: (کم‌کم عصبی می‌شود) اصلاً معلوم هست چی می‌گی؟! کدوم لجبازی؟! من می‌خواستم ...

Sara: Solange du nicht ruhig bist, solange du nicht entspannt bist, solange du nicht rational bist, ist es nutzlos, mit dir zu reden!

بابک: آروم بودن یا نبودن من، ریلکس بودن یا نبودن من، منطقی بودن یا نبودن من، هیییییچ ربطی به خوردن یا نخوردن اون قرصا نداره!

Sara: Was soll das?! Bedeutet es, dass es dir jetzt besser geht, da du deine Tabletten nicht einnimmst?!!!

بابک: نمی‌دونم چند بار دیگه باید اینو بگم، ولی بهتر نباشم، بدترم نیستم! ضمناً (بخش‌بندی شده) من، دیگه، نمی‌خوام، به اون قرصای کوفتی، تکیه کنم!!! گرفتی؟!؟

Sara: Das heißt Sturheit! ... Was du gerade eben machst, genau das heißt ...

بابک: (بی‌حوصله و عصبی) چرت برا چی می‌گی!!!

Sara: Quatsch?! Was ich dir gesagt habe, ist die reine Wahrheit!

بابک: عین واقعیته؟! (از جیبش قرصی را درآورده و به سارا نشان می‌دهد) ... اینو ببین! ... می‌دونی چیه؟! ... معلومه که می‌دونی؛ مگه میشه ندونی!!! آنتی‌بیوتیکه! آنتی‌بیوتیکایی که بدون نسخه از داروخونه خریدم؛ همونایی که به خاطرش کلی نق نق کردی و ریدی به اعصاب من! به خاطر گلودردم می‌خورم؛ روزی سه‌تا؛ هر هشت ساعت ...

Sara: Sind deine Antibiotika noch nicht aufgebraucht?!

بابک: Nein, noch nicht! دوتا دونه‌ی دیگه‌ش مونده! حالا پوزت خورد؟!

Sara: *(Sie versucht, Babak nicht nachzugeben)* Trotzdem ist dein psychisches Problem genauso wichtig wie deine Halsschmerzen!

بابک: روح و روان من هیچیش نیست!

Sara: Ich wünschte, dass du nicht so dickköpfig wärst und deine anderen Medikamente pünktlich genommen hättest!

بابک: *(کم‌کم آرام می‌شود)* وصله‌ی لجبازی هم به من نمی‌چسبه! دیگه؟!

Sara: Dann bist du nicht dickköpfig!!!

بابک: Nein; auf keinen Fall!

Sara: Aber was ich sehe, ist, dass du stur bist; sowohl mit dir selbst als auch mit mir!

بابک: با خودم؟!!! با خودم سر چی لجبازی می‌کنم؟! داروهام؟!

Sara: Ja, genau; wenn du die von deinem Arzt verschriebenen Medikamente nicht einnimmst, bedeutet dies, dass …

بابک: نمی‌خورم، چون حال روحیم خیلی بهتر از قَبله؛ ... البته اگه شما بذاری!

Sara: Deine Sturheit mit mir ist sogar schlimmer als deine Sturheit mit dir selbst!

بابک: هیچ لجی در کار نیست؛ شما توهم زده‌ی. من نه با خودم ...

Sara: Doch!

بابک: اگه منظورت اینه که بهت اجازه نمی‌دم بری، باید برا هزارمین بار تکرار کنم که هییییچ لجی در کار نیست.

148

Sara: Guck mal, Babak, … glaub mir, … wie du habe ich auch diese ständige Diskussion über den Umzug nach Deutschland satt!

بابک: این موضوع از نظر من تموم شده‌ست! باشه! حالا لطفاً اگه میشه یه لیوان آب به من بده!

Sara: Das mache ich; ich hole dir ein Glas Wasser. Aber … vorher möchte ich dich zum letzten Mal bitten, mir zu erlauben, den Iran …

بابک: عجب زبون‌نفهمیه‌ها! من میگم این موضوع تموم‌شده‌ست، باز میگه می‌خوام برا آخرین بار ازت خواهش کنم!

Sara: Bitte Babak! Dies ist im Interesse von uns beiden; glaub mir!

Pause

مکث

بابک: الان این آخرین خواهشت بود؟

Sara: Es war definitiv die letzte, … und ich werde dich nie wieder bitten.

بابک: خیلی خُب! می‌دونی آخرین جواب من به آخرین خواهش تو چیه؟! … Nein! … Das ist auch meine letzte Antwort auf deine letzte Bitte; … نه! … حالا خودم برم آب بیارم یا …

Sara: Nein, alles gut. *(Verzweifelt)* Ich hole das Wasser für dich.

بابک: *(زیر لب)* Dankeschön.

Sara: *(Beim Verlassen der Szene, um das Wasser zu holen)* Du hättest wirklich eine iranische Frau heiraten sollen!

بابک: شاید، نمی‌دونم؛ *(با اشاره به سارا)* فعلاً که آلمانیشو گرفته‌م!

Sara: Du hast doch einen Fehler gemacht!

بابک: البته هنوزم دیر نشده! خدا رو شکر، خدا رو شکر، خدا رو صد هزااااار مرتبه
شکر که من مسلمونم؛ مردای مسلمونم که اجازه دارن ...

Sara: Viele von euch iranischen Männern beten nicht, fasten
nicht und gehen nicht oft in die Moschee, aber sobald das
Thema Polygamie angesprochen wird, sind sie alle Mus-
lime, um vier Frauen heiraten zu dürfen!

بابک: همین که مرد باشی و مسلمون، چهارتا کوپن ازدواج داری؛ حالا دیگه نماز
بخونی نخونی، روزه بگیری نگیری، مسجد بری نری ...

Sara: Dann mach du es doch auch; geh und heirate vier Frauen
mit deinen vier Heiratsgutscheinen!

بابک: نمی‌تونم!

Sara: Warum kannst du nicht?!

بابک: نمی‌تونم چون یکی از کوپنام *(با اشاره به سارا)* داره این‌جا سُرومُر و
گَنده ...

Sara: Alles gut; einer deiner Gutscheine wurde für mich ver-
geudet; jedoch hast du noch drei weitere!

بابک: آره خُب سه تای دیگه رو شرعاً می‌تونم بگیرم!

Kurze Pause

مکث کوتاه

Sara: *(Ironisch)* Jaaa, ist okay! ... *(Ernst und geheimnisvoll)* Ich soll
tot sein, damit du ...

بابک: بعدیا رو ولی صددرصد ایرونی می‌گیرم، تا دیگه از این پابازیا برام ...

Sara: *(Immer noch ernst, geheimnisvoll, nervös und aggressiv)* Ich muss
tot sein, damit du mit einer anderen Frau zusammenleben
kannst! ... Und es ist doch egal, woher sie kommt; Irani-
sche, Deutsche, Französische, Marokkanische, Italienische,
Ägyptische, Türkische, Algerische, Mexikanische, ...

*Sara verlässt die Szene zur glei-
chen Zeit, in der sie verschiedene
Nationalitäten aufzählt, allerdings
kehrt sie bald mit einem Tablett mit
zwei nicht identischen Gläsern auf
die Bühne zurück. Sie nennt wei-
terhin andere Nationalitäten, auch
wenn sie nicht in der Szene ist; ein
Verhalten, das von der Nervosität
zeugt. Während dieser Zeit schüt-
telt Babak seinen Kopf mit Bedau-
ern und sagt improvisatorisch einige
kurze Sätze, die die Aussagen von
Sara dem persischsprachigen Publi-
kum etwas klarer machen!*

سارا همین‌طور که ملیت‌های مختلف را
پشت سر هم ردیف می‌کند، از صحنه
خارج شده و البته خیلی زود هم با
یک سینی که دو لیوان غیریکسان
در آن قرار دارد، به صحنه برمی‌گردد.
او حتی در لحظاتی که بیرون از صحنه
هم هست، نام بردن از ملیت‌های دیگر
را ادامه می‌دهد؛ رفتاری که بیشتر از
سر عصبیّت است. در این مدت،
بابک از سر تأسف، سر می‌جنباند و
فی‌البداهه جملات کوتاهی را می‌گوید،
که گفته‌های سارا را تا حدودی برای
مخاطبان فارسی‌زبان، روشن می‌کند!

Sara: *(Sie spricht weiter, als sie zur Szene zurückkehrt) ...* Usbeki-
sche, Amerikanische, Armenische, Japanische, Spanische,
Australische, Kuwaitische, Georgische, Afghanische und,
und, und *... (Erst als sie sich Babak nähert, hört sie auf, die
Namen verschiedener Nationalitäten zu sagen. Sie stellt das Ta-
blett mit zwei Gläsern Getränk auf einen Tisch, der in der Mit-
te der Szene steht)* Denk auf keinen Fall, dass ich so einfach
meinen Platz einer anderen Frau geben werde!

بابک: جاتو که به یه زن دیگه نمیدی!

Sara: Was meinst du?!

بابک: جاتو باهاش شریک میشی!!!

Sara: Wow!!! Mitinhaber!!! *... (Geheimnisvoll)* Bist du sicher, dass
du es erleben wirst, um zu sehen, dass ich meinen Platz
mit einer anderen Frau teile?!!!

بابک: چی بگم والله؛ عمر که دست خداست، ولی احتمالاً اونقد دیگه زنده
هستم که ببینم تو نصف جاتو دادهی یه زن دیگه! *(میکوشد تا لج سارا
را درآورد)* بلوند، چشما سبز، سینهها برجسته، پوستِ کشیده، گونهها
گلانداخته، سرخ و سفید ...

Sara: Hum!!! Ich bewundere deine Hoffnung!!!

بابک: *(سَرَکی به لیوان نوشیدنیها میکشد)* آب پرتقاله؟!

Sara: *(Mürrisch und verbittert)* Ja; als ich draußen war, habe ich
die Orangen gekauft, um sie auszupressen und frischen
Orangensaft für dich vorzubereiten.

بابک: تو نشستهی یک ساعت با دست برام پرتقال آب گرفتهی؟!!! ... کوپنای
ازدواجم کو؟! بیارید، میخوام هر سهتاشونو بندازم تو مستراح!

Sara: Du musst deine drei Hochzeitsgutscheine nicht nur wegen eines Glases Orangensaft in die Toilette werfen! Behalte sie, vielleicht brauchst du die irgendwann!

بابک: *(به شوخی، تظاهر می‌کند که جوگیر شده است)* نه نه؛ اونا دیگه به درد من نمی‌خورن! بیار، می‌خوام همین الان ...

Sara: Ich dachte, das kann dir gegen Halsschmerzen helfen, da es Vitamin-C hat ... *(Pause)* Und behalte deine Hochzeitsgutscheine; okay?!

بابک: والله بعید می‌دونم ویتامین‌سی حریف این گلودرده بشه، ولی به هرحال مرسی.

Sara ist immer noch verbittert und antwortet nicht. Babak inspiziert die Gläser und dreht das Tablett so, dass das Glas, das voller ist, vor Sara steht!

سارا اخم‌هایش هم‌چنان در هم است و جوابی نمی‌دهد. بابک، لیوان‌ها را وارسی کرده و با چرخاندن سینی، لیوانی که پُرتر است را به سارا تعارف می‌زند!

Sara: *(Sie dreht wieder das Tablett in den vorherigen Zustand)* Was machst du?!

بابک: پُرتَره رو برا من گذاشته‌ی چرا؟!

Sara: Weil du Halsschmerzen hast!

بابک: بازم بعید می‌دونم دوتا قُلُپ آب‌پرتقال بیشتر، حریف این گلودرده بشه، ولی مرسی!

Pause

مکث

153

Sara: *(Zögernd und besorgt)* Trinkst du es nicht?!

بابک: *(نگاهی به ساعتش می‌اندازد)* نیم‌ساعت مونده آخه!

Sara: Eine halbe Stunde bis was?

بابک: نیم ساعت به اذون مونده! به ساعتی که باید دارومو بخورم دیگه!

Sara: Ja stimmt; Antibiotika sollten zur richtigen Zeit einge-
nommen werden!

بابک: نچ! *(نفس عمیقی کشیده و سری می‌جنباند)* ... الله‌اکبر! ... بابا این
آب‌پرتقاله داره به ما چوشمک می‌زنه! *(در حالی‌که دستش را برای برداشتن
آب‌پرتقال دراز می‌کند)* عجالتاً می‌زنیمش تو رگ، بعد قرصه‌رَم با آبی
چیزی می‌خوریم دیگه! اصلاً یهو دیدی آب‌پرتقال تورَم خوردیم!

Sara: *(Sie hält Babak plötzlich davon ab, Orangensaft zu trinken)*
Nein!!!

بابک: *(جا می‌خورد)* چی شد؟!!!

Sara: *(Sie nimmt das Glas aus Babaks Hand und setzt es wieder an
seine Stelle. Pause)* Déjà-vu!!!

بابک: چی؟!!!

Sara: Déjà-vu!!! ... Wie heißt das auf Persisch?!

بابک: فارسیِ چی، چی میشه؟! آب‌پرتقال؟!

Sara: Ich kenne das persisches Wort für Orangensaft; Déjà-vu ...
Wie heißt Déjà-vu auf persisch?!

بابک: فارسی دژاوو میشه آشناپنداری! *(دوباره لیوان را برداشته و می‌خواهد
آب‌پرتقال را بخورد)* خواب دیده‌ی دوباره؟!

Sara: *(Babak versucht wieder, seinen Orangensaft zu trinken, aber sie nimmt noch einmal das Glas aus Babaks Hand und setzt es an seine Stelle auf dem Tablett)* Genau das habe ich in meinem Traum gesehen!

بابک: *(با خودش)* بساطی داریم! *(به سارا)* حالا چون تو این صحنه رو قبلاً تو خواب دیده‌ی من نباید آب‌پرتقالمو بخورم؟! ولمون کن بابا!

Babak will das Glas zum dritten Mal nehmen, aber diesmal zieht Sara das ganze Tablett ein wenig zurück, damit hört Babak vorübergehend auf, das Glas zu nehmen.

بابک می‌خواهد برای بار سوم، لیوان را بردارد، ولی سارا کل سینی را کمی عقب می‌کشد تا بابک عجالتاً از برداشتن لیوانش منصرف شود.

Sara: Warte! … Ja, du hast gesagt, dass dieser Orangensaft mir zuzwinkert, ich werde ihn jetzt trinken, dann werde ich meine Tablette entweder mit dem Wasser oder deinem Orangensaft einnehmen!

بابک: خالی برا چی می‌بندی؟! *(ادای او را درمی‌آورد)* دقیقاً همین صحنه رو تو خواب دیدم! … نمی‌خورم آب‌پرتقالتو؛ نترس!

Sara: *(Überrascht, beleidigend und zu sich selbst)* Oh, mein Gott; er ist wie ein Kind! *(Mit Babak)* Ich mag den Orangensaft überhaupt nicht, um mir Sorgen um meinen Orangensaftanteil machen zu wollen!

بابک: اگه راست میگی، تو خوابت بعد از این‌که لیوانو از من گرفتی چی شد؟!

Sara: In meinem Traum, nachdem ich dir das Glas gegeben hatte … *(Sie denkt ein wenig nach, um eine Geschichte zu machen)* …

habe ich dir gesagt: „Warte, trink es nicht; lass mich dir Eis holen!"

بابک: یخ بیاری؟!!! برا کسی که گلودرد داره، بری ...

Sara: Nein; in meinem Traum hattest du wirklich keine Halsschmerzen!

بابک: پس چرا پرتقال آب گرفته بودی؟!

Sara: Dort habe ich keine Orangen gekauft!

بابک: اون‌جا دیگه کجاست؟!

Sara: In meinem Traum!

بابک: تو خوابت!!!

Sara: In meinem Traum gab es gar keine Orangen!

بابک: (بی‌حوصله) پس چی بود تو خواب اگه پرتقال نبود؟! لیموشیرین بود؟!

Sara: Nein; es gab Orangensaft in Flaschen! Du hattest ihn schon gekauft!

بابک: اگه تو خوابت من آب‌پرتقالِ آماده از بیرون خریده بودهم، خُب این که دیگه اسمش دژاوو نمیشه؛ نه من گلودرد داشتهم، نه تو پرتقال خریده بوده‌ی، نه آبشو گرفته بوده‌ی!

Babak versucht erneut, sein Glas vom Tablett zu nehmen, jedoch diesmal nimmt Sara das Tablett ganz aus seiner Reichweite und versucht, Babak mit Geschwätzigkeit zu beschäftigen.

بابک یک بار دیگر سعی می‌کند لیوانش را از سینیِ بردارد، ولی سارا این بار، سینی را کلاً از دسترس او دور کرده و می‌کوشد تا با پرحرفی، سرِ بابک را گرم کند.

Sara: (Verstört) Danach bin ich gegangen, um das Eis zu holen!

بابک: از کجا رفتی یخ بیاری؟! از حموم؟!

Sara: Was?!!! Holt man das Eis aus dem Badezimmer?!!!

بابک: (بی‌حوصله) وای خدا! از حموم یخ نمیارن؛ اصطلاحه! میگن فلانی رفته حموم یخ بیاره! وقتی یه نفر ...

Sara: Wow! Ihr Iraner habt wirklich zu viele Redensarten!

بابک: آره خُب ما ایرونیا چیزی که زیاد داریم، اصطلاحه! شما آخرش یخ اُوردی یا نه؟! اینو بگو! (ناگهان با ریتمی متفاوت و صدایی بلندتر) سینی رو چرا ورداشتی؟!!!

Sara: Nein; schließlich nicht! Ich war in der Küche, um dir das Eis zu bringen, aber du hast gesagt: „Du musst kein Eis mehr mitbringen. Lass mal den Orangensaft im Kühlschrank und komm, da ich meine Kleidung immer noch trage, lass uns rausgehen und Eis essen!"

بابک: من؟!!! من گه خوردم این‌جور حرفی بزنم!

Sara: (Opponent) Ah wa!!! Das war aber nur in einem Traum!!!

بابک: فرقی نمی‌کنه؛ تو خواب یا بیداری! من بی‌جا می‌کنم اون وقت شب بگم بپوش بریم بیرون بستنی بخوریم!

Pause

مکث

157

Sara: *(Sie kokettiert)* Aber es gab eine Zeit, da hast du dasselbe gesagt, wann immer ich Eis wollte: „Zieh dich an und lass uns rausgehen, um Eis zu essen"!

بابک: یه زمانی؛ خودت داری میگی یه زمانی که! حالمون خوش بود، حواسمونم جمع؛ خُب می‌بردمت بستنی ایتالیایی می‌خوردی دیگه؛ بد کاری می‌کردم؟!

Sara: Nein; das war wunderbar!

بابک: *(آرامتر و بیشتر با خودش)* خُب البته هنوزم مثل الان به روغن‌سوزی نیفتاده بودم!

Sara: Was ist mit dir passiert, Babak?!!!

بابک: من؟! من چیزیم نشده! فقط یه خُرده همچین بفهمی‌نفهمی عین خر تو گِل ...

Sara: Weißt du, wie romantisch und heißblütig du warst?!

بابک: به خدا هنوزم هستم؛ هم رمانتیکم، هم عاشق‌پیشه‌ام، هم خونگرمم! ... فقط ...

Sara: Nein; auf keinen Fall!

بابک: Doch!

Sara: Ich hätte nie gedacht, dass du eines Tages so kalt und seelenlos sein würdest!

بابک: منم همین‌طور؛ ... تو فکرشو نمی‌کردی من یه روز این‌قد سرد و بی‌روح بشم، که البته نیستم؛ منم فکرشو نمی‌کردم یه روزی برسه که من نگران از دست دادن تو بشم!

Sara: Wer hat gesagt, dass du mich verlieren würdest?!!!

بابک: کی گفته؟! خودت!

158

Sara: Ich?!!! Wann habe ich das gesagt?!

بابک: بابا تو شده‌ی عینهو کُش شلوار؛ ولت کنن، رفته‌ی! بعد اون‌وقت ...

Sara: *(Sie unterbricht Babak plötzlich)* Ich bin krank!!!

Schweigen

سکوت

بابک: *(شگفت‌زده)* چی؟!!!

Pause

مکث

Sara: Ich bin krank!

بابک: مریضی؟!!! ... یعنی چی که مریضی؟!!! چته؟!!!

Sara: Meine Stimmung ist gar nicht gut!

بابک: نگفتَم؟! خود من هزار بار به تو نگفتَم حال روحیت خوب نیست؟! خُب چیکار کنم وقتی تو کَتَت نمیره؟! فکر می‌کنی من دارم بهت توهین ...

Sara: *(Wieder einmal unterbricht sie Babaks Rede abrupt mit einem ungewöhnlichen Rhythmus)* Ich bin krank!!!

بابک: *(تعجب کرده و اَبرو برمی‌چیند)* به جون خودم اینو همین الان گفتی!!! گفتی مریضی، منم بهت گفتم ...

Sara: Ich bin krank ... und stehe unter der Aufsicht eines Arztes! Unter der Aufsicht eines Psychiaters! Verstehst du?!

Pause

مکث

بابک: (شگفت‌زده) زیر نظر دکتری؟!!! ... (بقیه‌ی سؤالاتش را مسلسل‌وار از سارا می‌پرسد. پس از هر سؤال، سارا می‌خواهد به او جواب بدهد، ولی بابک به او فرصت پاسخگویی نداده و بلافاصله سؤال بعدی‌اش را می‌پرسد) زیر نظر کدوم دکتری؟! چند وقته؟! دارو هم می‌خوری؟! چرا به من نگفته‌ی؟!

Sara: Seit zwei Monaten … ungefähr.

بابک: دو ماهه زیر نظر روانپزشکی، اون‌وقت الان داری به من میگی؟!!!

Sara: Ich wollte nicht, dass du dir Sorgen machst!

بابک: (با پوزخند، ولی عصبی و برآشفته) نمی‌خواستی نگرانم کنی؟!!! پس الان چرا داری بهم میگی؟!!!

Sara: Jetzt muss ich es dir sagen!

بابک: مجبوری!!! ... الان تو مجبوری!!!

Sara: Ja, ich muss! Jetzt muss ich, weil es wahrscheinlich keine Gelegenheit mehr geben wird, dass …

بابک: حالا مشکلت چی هست؟!

Sara: (Aufgewühlt und beunruhigt) Depression!

بابک: افسردگی!!!

Sara: Schwere Depression!

بابک: دیگه چی؟!

Sara: Keine Ahnung … Selbstmordgedanken!

بابک: (شگفت‌زده) خودکشی؟!!! ... افکار خودکشی؟!!! آخه تو ...

Sara: Ich denke immer, dass ich mich … weißt du … das ist …
eigentlich habe ich es überhaupt nicht unter Kontrolle,
aber …

بابک: معلومه که دست خودت نیست! من سه سالِ تموم، با این مریضی دست
به یقه بودم!

Sara: Natürlich bin ich noch nicht in der Stufe, in der du warst,
aber …

بابک: اگه به اون مرحله رسیده بودی که الان سینه‌ی قبرستون بودی!

Sara: Deswegen bin ich zum Arzt gegangen; weil ich gesehen
habe, was du dir angetan hast!

بابک: خُب تو که دیده بودی من چه بلایی سر خودم آُورده بودم، باید پا میشدی
می‌رفتی دکتر یا باید با من حرف میزدی؟!

Sara: Du bist aber doch kein Arzt!

بایک: نباشم؛ دکتر نباشم! دکترم که نباشم، باز باید به من …

Sara: Wenn ich es dir gesagt hätte, hätte ich dich nur beunru-
higt!

بابک: باید به من می‌گفتی، چون بیشتر از هر دکتری، خود من می‌تونستم
کمکت کنم!

Sara: Vielleicht … keine Ahnung … vielleicht könntest du mir
helfen … Jedenfalls bin ich zum Arzt gegangen; und ich
nehme jetzt seit zwei Monaten Medikamente!

بابک: (نیشخند تلخی می‌زند) دو ماهه دارو می‌خوری!!! فکر می‌کنی من با دارو
خوب شدم؟!

Sara: Deine Medikamente haben dir definitv geholfen; wenn du die nicht eingenommen hättest, wärst du immer noch …

بابک: من با تو خوب شدم سارا! دارو به من کمک کرد، ولی اونی که منو به زندگی برگردوند، تو بودی، نه دارو!

Sara: Nein! Ich glaube, ganz was anderes; ich habe dir geholfen, allerdings wurdest du mit deinen Medikamenten behandelt!

بابک: تو به من کمک کردی تا از اون وضعیت جهنمی‌ای که توش بودم درآم، اون‌وقت خودت الان … ؟! آخه من چی باید به تو بگم!!!

Sara: Ich habe dir doch gesagt; ich habe es nicht unter Kontrolle! Ich fühle, dass meine Seele wie ein Behälter ist, der voll ist; er ist wirklich am Überlaufen!

بابک: اصلاً نباید این حرفو بزنی!!!

Sara: Warum soll ich so etwas nicht sagen, wenn es doch wahr ist?!

بابک: واقعیتم که باشه، باز نباید این‌قد تو ذهنت تکرارش کنی که روحم عین یه ظرفه و پُر شده و داره سرریز میشه و …

Sara: Was soll ich tun?! Ich weiß nicht; ich bin verwirrt! … *(Sie weint)* Ich möchte einfach sterben!

بابک: فقط دلت می‌خواد بمیری!!!

Sara: *(Sie weint immer noch)* Ja … Das ist wirklich alles, was ich möchte!!!

بابک: و نمی‌دونی هم که چیکار باید بکنی!!!

Sara: Nein, ich weiß tatsächlich nicht, was soll ich …

بابک: من بگم چیکار باید بکنی، می‌کنی؟!

Sara: *(Sie versucht, nicht mehr zu weinen)* Ja, sag bitte; mache ich. *(Unschlüssig)* … Vielleicht!

بابک: خوبه؛ شایدم خوبه؛ باز بهتر از نه‌ئه!

Sara: Was soll ich tun?!

بابک: چیکار باید بکنی؟!!! باید اون آب‌پرتقاله رو بدی من بخورم، فکرای منفی رو هم از ذهنت بریزی بیرون! *(به آلمانی، و در حالی‌که کف دست‌هایش را به نشانه‌ی تمام شدن ماجرا، به هم می‌مالد)* Fertig!

Sara: Nur das?!!! Deine einzige Lösung ist nur, dass ich dir den Orangensaft gebe und du trinkst ihn und ich werfe die negativen Gedanken aus meinem Kopf raus?!!! *(Sie ahmt Babak nach)* Fertig?!!!

بابک: بالاخره درمان باید از یه جا شروع بشه دیگه؛ کجام بهتر از یه لیوان آب‌پرتقال دست‌افشار! بده بیاد!

Sara: *(Sie atmet durch. In einem mysteriösen Ton)* Mein Problem ist sehr ernst, Babak; … *(Geheimnisvoll und flüsternd)* Ernst … und gefährlich!

بابک: *(بی‌اعتنا به گفته‌های سارا و با خودش)* میگم هی چپ میره راست میاد، قرصاتو خوردی، قرصاتو نمی‌خوری، نمی‌خوری حالت بهتره … نگو خانم خودشم دست‌به‌قرص شده و ما نمی‌دونیم!

Sara: *(Wie Babak achtet sie auch nicht darauf, was er sagt und sagt auch nur, was sie will)* Tatsächlich dachte ich bis vor ein paar Minuten, dass es viel besser für mich wäre, wenn du tot bist, als wenn du lebendig bist und ich sehen muss, dass du mit einer anderen Frau zusammenlebst, obwohl ich dich so sehr liebe!

بابک: آخه این چه فکریه که تو می‌کنی؟!

Sara: Welche?!

بابک: دوست داری من بمیرم ولی زنده نباشم و با یه زن دیگه زندگی کنم؟! تازه میگی دوستمم داری؟!

Sara: Ich sagte: „Ich dachte“!

بابک: فکر می‌کردی، یعنی الان دیگه فکر نمی‌کنی؟!

Sara: *(Sie ist den Tränen nahe)* Jetzt aber denke ich, wenn ich selbst tot bin, ist das viel besser, als wenn ich lebendig wäre und sehe, dass mein Mann mit einer anderen Frau zusammenlebt!

بابک: این الان فکرجدیده بود؟! بهتره خودت زنده نباشی تا نبینی شوهرت داره با یه زن دیگه زندگی می‌کنه؟! ... واقعاً که!!!

Sara: *(Sie ist immer noch den Tränen nahe)* Erinnere dich einfach, dass ich dir alles gesagt habe, was ich dir sagen sollte!

بابک: چیا رو مثلاً باید می‌گفتی که گفتی؟!

Sara: *(Sie zählt mit ihrem Finger)* Ich sagte, dass ich nicht mehr hier bleiben kann, …

بابک: *(با همان ترتیب و مانند سارا، با انگشت می‌شمرد و تکرار می‌کند)* گفتی دیگه نمی‌تونی این‌جا بمونی، …

Sara: Hundert Mal habe ich erzählt, wieso ich nicht mehr hier leben kann, …

بابک: صد بار توضیح دادی که چرا دیگه نمی‌تونی این‌جا زندگی کنی، …

Sara: Tausend Mal habe ich dich gebeten, die Ausreisegeneh-
migung zu unterschreiben, …

بابک: هزار بارم ازم خواهش کردی رضایت‌نامه‌ی خروجت از کشورو امضاء کنم، …
خب؛ دیگه؟!؟

Sara: Du hast es aber nie getan, …

بابک: ولی من این کارو نکردم، … (سارا نفسی گرفته و می‌خواهد دیالوگ
قبلی‌اش را ادامه دهد، ولی بابک این اجازه را به او نمی‌دهد) الانم که
دیگه اصلاً این کارو نمی‌کنم! با این حالت، فقط باید تنگ بغل خودم
باشی تا بتونم مراقبت باشم!

Sara: Das ist eine Ausrede! Dass ich bei dir sein muss, dass du
dich um mich kümmern kannst, ist nur eine Ausrede!

بابک: اصلاً هم بهونه نیست!

Sara: Doch!

بابک: باشه هم بهونه‌ی بدی نیست! … دیگه چیا گفته‌ی که حالا می‌خوای
بکوبیش تو سر من؟!

Sara: Noch … sagte ich, dass meine Stimmung gar nicht gut
ist …

بابک: گفتی حال روحیت خوب نیست، …

Sara: Ich nehme die Medikamente ein …

بابک: دارو می‌خوری، …

Sara: Ich habe keine Motivation, weiterzuleben …

بابک: انگیزه‌ای برا زندگی نداری، … دلتم می‌خواد بمیری، …

165

Sara: Ja, genau; ich möchte lieber sterben, …

بابک: تازه اولشم دلت نمی‌خواسته خودت بمیری؛ می‌خواسته‌ی من بمیرم، ولی نبینی که دارم با یه زن دیگه …

Sara: Ganz genau; … zuerst wollte ich gern, dass du gestorben wärst, damit ich nicht sehe, dass du mit einer anderen Frau zusammenlebst …

بابک: یعنی حتماً یکی باید بمیره؛ بدون تلفات نمیشه!!!

Sara: Jeder wird aber irgendwann sterben!

بابک: چیز دیگه‌ای هم مونده که نگفته باشی؟!

Sara: *(Sie macht eine kurze Pause und durchsucht ihre Gedanken)* Nein … ich habe dir alles gesagt, … und du hast, wie immer, alles nur oberflächlich gehört!

بابک: حالا سَرسَری یا هر چی، شما گفتی منم شنیدم! *(در حالی که قرصش را درآورده و در دهان می‌گذارد)* بده حالا دیگه آب پرتقال ما رو، قرصمونو بخوریم بریم بخوابیم!

Sara: *(Sie schaut auf ihre Armbanduhr)* Ist es nicht noch zu früh?!

بابک: چرا، ولی تا بخواد برسه به معده، وقتشم شده!

Sara: *(Sie lächelt bitter und bedeutungsvoll)* Okay, ich werde es holen!

Sara gibt Babak das Glas, das nur halb voll ist und will zuvor selbst trinken. Babak nimmt seine Tablette mit einem Schluck davon ein.

سارا لیوانی که نیمه‌پُر است و قبلاً قرار بوده خودش بخورد را به بابک می‌دهد. بابک با جرعه‌ای از آن قرصش را می‌خورد.

بابک: اووووف! ... هیچی آب‌پرتقال نمیشه!

Sara: *(Mit Bedauern)* Doch doch; ... besser als Orangensaft ist das Eis, das ich mag!

بابک: بستنی رو بیشتر از آب‌پرتقال دوست داری، ها؟! ... خوبه! ... خوبه، ولی الان دقیقا منظورت چی بود؟! لابد می‌خوای دوباره ...

Sara: Ich meinte, dass ...

بابک: آره دیگه؛ باز می‌خوای بگی برگردیم آلمان! شما هر چی میشه، فقط بچسبونش به ...

Sara: Wenn ich nur einen Traum hätte, ist es das! ... Mein Wunsch ist im Moment nur der, eines Tages mit dir nach Freiburg zurückzukehren und dort zusammenzuleben!

بابک: به خاطر بستنی؟!!! ... یعنی فقط به خاطر ...

Sara: *(Entschieden)* Nein!

بابک: یعنی فقط به خاطر بستنیای او یارو ایتالیائیه ما باید ...

Sara: *(Wieder entschieden)* Nein!

بابک: *(بی‌اعتنا به جواب منفی سارا)* بفرما؛ تنها آرزوی خانم اینه که برگردیم فرایبورگ زندگی کنیم تا بتونه بستنی بخوره!!! حالا اومدی و ما برگشتیم اون‌جا تا یارو مُرده؛ بعدش چه خاکی تو سرمون بریزیم؟! برگردیم دوباره؟!

Sara: Nein Babak; ich sage das nicht wegen des Eises! Hier gibt es auch Eis!

بابک: به هر حال من هنوز سر حرفم هستم!

Sara: Dann kehrst du nicht zurück?!

بابک: برا زندگی کردن، نه!

Sara: Und ich?! ... Willst du mir wirklich nicht erlauben ...

بابک: به هیچ عنوان!

Sara: *(Flehentlich)* Aber warum?!!! Du kannst auch alle zwei, drei
Monate dorthin ...

بابک: !!!Auf, keinen, Fall مخصوصاً حالا که فهمیدهم زیر نظر دکتری!

Sara: Dort gibt es auch Ärzte! Ich kann dort meine Behandlung
fortsetzen!

بابک: بله، دکتر اونجا هم هست؛ ولی من نیستم! باید همینجا پیش خودم
باشی تا حواسم بهت باشه! عین کاری که تو برام کردی، وقتی من ...

Sara: Aber deine Situation war ganz anders! Du hast meine Hil-
fe gebraucht!

بابک: هیچ فرقی نمیکنه؛ جز اینکه تو فقط افکار خودکشی داری، من تا
یهقدمی مرگ هم رفتم و برگشتم!

Pause

مکث

Sara: *(Sie ist enttäuscht und holt tief Luft)* Dann lautet deine Ant-
wort „Nein"!!!

بابک: قطعاً جوابم منفیه! منفیِ منفی؛ از الان، تا همیشه!

Schweigen. Sara starrt Babak in die
Augen und mustert ihn mit einem
ungewöhnlichen Blick und natürlich
mit einem liebevollen Bedauern.

سکوت. سارا به چشمان بابک زل زده و
با نگاهی غیرمعمول و البته با حسرتی
عاشقانه، سر تا پای او را برانداز می‌کند.

Sara: *(Geheimnisvoll und flüsternd)* Ich liebe dich!!!

Pause

مکث

بابک: (با تظاهر به شگفت‌زدگی) چی؟!!! ... دوسَم داری؟!!! (سارا با بُغضی در گلو،
سری جنبانده و با حرکت سر، جواب مثبت می‌دهد) مرسی عزیزم!
... منم دوسِت دارم، آب‌پرتقالمم خوردم، دستتم درد نکنه، ولی ... کلاً خوب
کاری نکردی لیوان پُره رو برا خودت ورداشتی!!!

Sara: *(Sie verfällt in eine seltsame Stimmung, starrt auf einen anderen
Punkt auf der Bühne und blinzelt nicht einmal)* Aber du hast
es selbst gesagt … Du hast selbst gesagt, dass deine Hals-
schmerzen so stark sind, dass sie von zwei Schlucken Oran-
gensaft nicht besser werden; *(Sie dreht sich zu Babak um und
setzt fort)* deshalb habe ich dieses Glas für mich ausgesucht,
das voll war!

> *Sara schaut auf ihre Armbanduhr,
> trinkt etwa die Hälfte ihres Oran-
> gensafts und stellt das Glas wieder
> an seinen Platz.*

سارا نگاهی به ساعت روی دستش
انداخته، تقریباً نیمی از آب‌پرتقالش را
سر کشیده و لیوان را در جای قبلی‌اش
می‌گذارد.

بابک: (به شوخی، ولی هم سرد و بی‌روح؛ بدون حتی یک لبخند ساده) حالا
دیگه خوردیش رفت؛ نوش جونت؛ ولی من تعارف کردم! ممکن بود همون
دوتا قُلُپ بیشتره، گلودردمو خوب کنه!

169

Sara: *(Unabhängig von dem, was Babak sagte, wirft sie erneut einen mysteriösen Blick auf ihn und flüstert)* Ich liebe dich!!!

بابک: *(این بار واقعاً متعجب، و البته کمی هم نگران)* تو چِته سارا؟!!!

Sara: *(Mit einem bitteren Lächeln)* Mir?! ... *(Ruhig)* Mir geht es gut!

بابک: چرا این‌جوری میگی دوسِت دارم؟!!!

Sara: Wie sage ich „Ich liebe dich"?! Du bist doch mein Mann!

بابک: نه آخه یه جوری میگی دوسِت دارم که آدم ترس وَرِش می‌داره!

Sara: Angst?!!! Wovor?! Warum solltest du Angst haben?!

بابک: نمی‌دونم؛ آخه ... لحنت یه جوریه؛ عین همیشه نیست!

Sara: Wie habe ich es vorher gesagt?!

بابک: این‌جوری به هر حال نمی‌گفتی! این دوتا "دوسِت دارمِ" آخری رو یه جوری گفتی انگار داری از آدم خداحافظی می‌کنی!

Sara: Echt?! War es wie eine Verabschiedung?!

بابک: آره خُب به خاطر همین میگم آدم ترس وَرِش میداره!

Sara: Wenn meine „Ich liebe dich" wie Verabschiedungen sind, solltest du Angst haben?!

بابک: نباید بترسم؟!

Sara: Wovor solltest du Angst haben?!

بابک: از چی نباید بترسم!

Sara: Zum Beispiel?!

بابک: *(بدون تأمل)* امضاء!

Sara: Unterschrift!!!

بابک: آره، امضاء!

Sara: Hast du vor der Unterschrift Angst?!

بابک: از امضاء نمی‌ترسم!

Sara: Was dann?!

بابک: از جعلش می‌ترسم!

Sara: Vor der Fälschung der Unterschrift!!!

بابک: آره، از جعل امضاء!

Sara: Hast du Angst, dass jemand deine Unterschrift fälscht?!!!

بابک: از جعل امضای خودم!

Sara: Aber wer soll deine Unterschrift fälschen?!!!

بابک: خودم که امضای خودمو جعل نمی‌کنم که!!!

Sara: Und?!

بابک: *(با اشاره به خودشان دو نفر)* کس دیگه‌ای هم که غیر از ما دوتا این‌جا نیست!!!

Sara: Bist du verrückt geworden, Babak?! Warum soll ich deine
       Unterschrift …

بابک: چرا نداره که؛ (شوخی‌شوخی) برا فرمه که امضاءش نمی‌کنم! (مکث کوتاه.
شانه‌هایش را بالا می‌اندازد) ... مثلاً!!!

Sara: Also denkst du, dass ich mich irgendwie von dir verab-
schiede, weil ich an deiner Stelle die Ausreisegenehmi-
gung ...

Anstatt den Rest zu sagen, zeigt
Sara es mit ihrem Finger.

سارا بقیه‌ی حرفش را به جای گفتن،
با دست نمایش می‌دهد.

بابک: آره دیگه؛ کیه به کیه! امضای منم که ساده‌ست؛ راحت می‌تونی ... (بابک
ناگهان مکثی کرده و بحثش را عوض می‌کند) اصلاً انگشت؛ انگشتو یادم
نبود؛ اثر انگشت!!!

Pause
مکث

Sara: Finger!!! ... Fingerabdruck!!!

بابک: آدم خوابم که عین مرده‌ست؛ راحت میشه انگشتشو گرفت زد تو استامپ
و ... آهاان، ... آهان!

Diesmal spielt Babak den Rest sei-
ner Rede; die Fingerabdrücke von
jemandem zu stehlen, der einge-
schlafen ist!

این بار، بابک بقیه‌ی حرفش را بازی
می‌کند؛ زدن انگشت کسی که خواب
است در استامپ و گذاشتن اثر آن زیر
یک برگه!

Sara: Oh, um Gottes willen!!! So viele negative Gedanken?!!!

بابک: آره؛ ... افکار من منفیه چون شما ...

Sara: Wenn ich deine Unterschrift fälschen wollte oder, sobald du eingeschlafen bist, deine Fingerabdrücke stehlen wollte, dann hätte ich dich nicht so sehr gebeten, als du wach warst, اوشکول !!!

بابک: (همچنان شوخی شوخی) به هر حال من امشب دستکش می‌پوشم می‌خوابم!!!

Sara: Oh Mann!!! Du bist ein Uni-Professor!!!

بابک: خُب باشم؛ استاد دانشگاه باشم؛ چه ربطی داره؟!

Sara: Willst du wirklich Handschuhe tragen beim Schlafen?!!!

بابک: بله، چون کار از محکم‌کاری عیب نمی‌کنه! شبا با دستکش می‌خوابم، روز که شد، ...

Sara: Aber welcher Universitätsprofessor macht Fingerabdrücke, anstatt zu unterschreiben, so dass ich, sobald du eingeschlafen bist, deinen Finger im Stempel drucken will und ...

بابک: (با پوزخند) استاد دانشگاه داریم که همون انگشتم نمی‌تونه بزنه! (سریع بحث را عوض می‌کند) اصلا به ما چه آقا؛ ولش کن؛ پس تو چه مرگته که این‌جوری میگی دوست دارم؟!

Sara: Vielleicht wollte ich, wie du gesagt hast, mich von dir verabschieden; wer weiß!!!

بابک: تو دیگه بدتر از ما ایرونیا شده‌ی!

Pause

مکث

Sara: Bin „ich" schlimmer als ihr Iraner geworden?!

بابک: آره؛ اصلاً معلوم نیست ...

Sara: Da es gar nicht klar ist, ob ich scherze oder es ernst mei-
ne; oder?!

بابک: آره به‌خدا؛ دیگه واقعاً نمیشه فهمید کی داری شوخی می‌کنی، کی داری
جدّی میگی!

Sara: Wow; das ist echt wunderbar!!!

بابک: (با طعنه) اِه، دوست داری؟!

Sara: Ja, weil du erst jetzt verstehen kannst, wie sehr ich mich
zu Beginn unserer Beziehung über dich geärgert habe!

بابک: آهان، پس داری انتقام روزای اوّلو می‌گیری که عین آبِ خوردن سرِ کارِت
میذاشتم!

Pause. Plötzlich ändern sich Saras
Gefühle etwas, und sie wird deut-
lich ernster.

مکث. ناگهان حس سارا تا حدّی تغییر
کرده و او به طرز محسوسی جدّی‌تر
می‌شود.

Sara: (Mit sich selbst, und es scheint, als ob sie überhaupt keinen sta-
bilen Geisteszustand hat) Ich habe mich verabschiedet! ...
Habe ich mich verabschiedet?!!! (Zu Babak) Ja ... Ja, Ba-
bak; ich ... ich habe mich bei dir verabschiedet!

بابک: بابا منم دارم همینو میگم دیگه! نمیگم خداحافظی کردی، ماجرای جعل
امضاء و اثر انگشتم جدّی نگیر، ... ولی دوستِ‌دارَمایی که گفتی عین
خداحافظی بودن!

Sara: Ja, ja; eben! Es war wie eine Verabschiedung!

174

بابک: خُب حالا به سلامتی کجا می‌خوای بری؟! البته به غیر از آلمان، چون من عمراً بهت ...

Sara: *(Plötzlich mit einem anderen Rhythmus, und wie es scheint, erinnert sie Babak an etwas)* Arsenoxid!

بابک: *(مکث. با تعجب)* هِه؟!!!

Sara: *(Pause. Sehr deutlich und detailliert)* Arsen ... oxid!

بابک: آرسن‌اکسید!!!

Sara: Ja!

بابک: *(با تعجب، لبی ورمی‌چیند. مکث)* شیمی درس میدی؟!

Sara: Nein!

بابک: چی هست حالا این؟! خوردنیه؟!

Pause

مکث

Sara: Hmmm, ja ... man kann es auch essen!

بابک: خیلی هم عالی! بخر یه روز بخوریم ببینیم چه مزه‌ای ...

Sara: Aber danach kann man wahrscheinlich nichts mehr essen!

بابک: آهان، فارسیش باید بشه اکسیدِ آرسنیک! آرسن‌اکسید، اکسیدِ ... ! *(ناگهان متوجه جواب سارا می‌شود)* یعنی چی که بعدش نمیشه چیزی خورد؟! یعنی این‌قد آدمو سیر می‌کنه؟!

Sara: Nein, es macht nicht satt!

بابک: پس چی؟!

175

Sara: Es macht, dass man einschläft!

بابک: آدمو می‌خوابونه؟!!!

Sara: Ja; ... für immer!!!

Pause

مکث

بابک: *(با خودش)* آدمو می‌خوابونه! *(رو به سارا و با لحنی آمیخته به تردید)* آدمو برا همیشه می‌خوابونه؟! ... سمّه؟! *(بدون درنگ، خودش جواب خودش را می‌دهد)* آره دیگه؛ فقط سمّه که آدمو برا همیشه ...

Sara: Es ist ein Gift und zufällig ist es ein tödliches Gift!

بابک: حالا برا چی دنبال سم می‌گردی؟! اونم سمّ مهلک!!!

Sara: Für die Ratten, die im Keller sind!

بابک: برا موشای تو زیرزمین، دنبال سمّ مهلک می‌گردی؟!

Sara: Ja!

بابک: مگه مرگ‌موش نگرفته‌ی؟!

Sara: Arsenoxid ist doch dasselbe wie Rattengift; ... wusstest du das nicht?

بابک: من چه می‌دونم اسم دیگه‌ی مرگ‌موش چه کوفتیه! اکسید آرسینک آخه؟!!! *(با خودش)* منِ دیوانه هم میگم بخر بخوریم!

Sara: Das ist vermutlich sein chemischer Name!

بابک: ترسوندیم خره؛ فکر کردم اینم بخشی از اون تمایلیه که به خودکشی داری! والله به‌خدا!

Sara: Zufälligerweise kann es auch für Selbstmord verwendet werden!

بابک: خودکشی که دیگه سمّ مهلک نمی‌خواد!

Sara: Denn was braucht man für den Selbstmord?!

بابک: جرأت! ... خودکشی فقط جرأت می‌خواد!

Sara: Mut!!!

بابک: آره، جرأت! جرأتشو که داشته که باشی، دیگه ... (سکوت. بابک ناگهان متوجه نکته‌ای می‌شود) صبر کن ببینم؛ اصلاً انباری ما واقعاً موش داره؟!!!

Sara: Ich habe keine Ahnung von unserem Keller, aber in jedem Keller gibt es Mäuse! Wenn sich keine Ratten in einem Keller befinden, dann ist es kein Keller mehr; es ist ein Wohnzimmer! Du hast es selbst gesagt, oder?!

بابک: منظورم این بود که انباریا معمولاً موش دارن؛ نگفتم انباری خودمون موش داره که!

Sara: Wenn in jedem Keller Mäuse leben, dann gibt es sie wahrscheinlich in unserem Keller auch!

بابک: (کم‌کم عصبی می‌شود) سارا، "لابد موش داره" جواب من نیست! تو موش دیده‌ی تو زیرزمین؟!

Sara: Was ist das für eine Frage, die du da stellst?!

بابک: Meine Frage ist sehr deutlich! موش دیده‌ی یا نه؟! لفتشم نده!

Sara: Wo habe ich die Ratten gesehen, oder nicht?!

بابک: تو تلویزیون؛ خُب تو انباری دیگه! تو تو انباری خونه‌مون ...

177

Sara: Bleibt die Maus an einem Ort und wartet so *(Sie posiert)* auf uns, damit wir sie sehen können?!

Pause

مکث

بابک: ببین سارا، زیرزمین ما موش نداره؛ درست میگم؟!

Sara: In jedem Keller gibt es Mäuse! Wenn sich keine Ratten in einem Keller befinden, dann ...

بابک: این‌قد حرف منو به خودم تحویل نده!

Sara: Aber du hast selbst gesagt, wenn in einem Keller keine ...

بابک: *(بی‌حوصله، کلافه و البته حالا دیگر نگران)* منظور من از این بود که تو بیشتر انباریا موش هست؛ من که نگفتم تو انباری خودمون ... *(ناگهان حرفش را عوض می‌کند)* اصلاً تو چرا پا شده‌ی رفته‌ی مرگ‌موش خریدی؟!!!

Sara: Was soll das?! Ist hier der Kauf von Rattengift wie das Land zu verlassen?! Brauchen die Frauen auch dafür die Erlaubnis ihres Mannes?!

بابک: مرگ‌موش اجازه‌ی شوهر نمی‌خواد؛ ولی وقتی ...

Sara: Was dann?!

بابک: وقتی به درد سال پیشِ من گرفتاری، باید از این چیزا فاصله بگیری!

Sara: Hast du dich vor vier Jahren von diesen Dingen distanziert?!

بابک: من نگرفتم؛ تو بگیر!

Sara fühlt allmählich die Bauchschmerzen, aber sie zeigt nichts an.

178

Sie schaut noch einmal auf ihre Uhr am Handgelenk, als würde sie mehr Zeit damit verbringen, das zu verarbeiten, was sie getrunken hat!

سارا کم‌کم احساس شکم‌درد کرده، ولی به روی خودش نمی‌آورد. او یک بار دیگر، طوری به ساعت روی مچش نگاه می‌کند، که گویا بیشتر دارد برای عمل کردنِ آنچه که خورده است، زمان می‌خرد!

Sara: Warum?!

بابک: چرا چی؟!

Sara: Warum schlägst du mir etwas vor, was du vor vier Jahren nicht ...

بابک: چون من تو رو داشتم!

Sara: Aber jetzt habe ich dich auch!

بابک: تو اون‌قد معرفت داشتی که پای من موندی و زیر دست و بالمو گرفتی!

Sara: Also bist du nicht treu wie ich, oder wie?!

بابک: نگفتم من بی‌وفام، ... ولی تو این یه موردِ به‌خصوص، اون‌قد کونم گُهی هست که نتونم دست کسی رو بگیرم!

Sara: Alle Männer sind so!

بابک: آره، مردا همه همینن؛ شما الان جواب سؤال منو بده!

Sara: Welche Frage?!

بابک: *(خیلی جدّی و با اشاره به زیرزمین)* تو فضله‌ی موش دیدی اون پائین؟!

Sara: Was bedeutet „Fasleh"?!!!

بابک: „Fasleh" bedeutet Mist! ... دیده‌ی؟!

Sara: Nein; ehrlicherweise habe ich keinen Mist im Keller ...

بابک: (عصبی، ولی با لحنی صرفاً گلایه‌آمیز) پس چرا رفتی مرگ‌موش خریدی؟!!!
مگه تو زیرنظر دکتر نیستی؟! مگه دارو نمی‌خوری؟! اینو میگن رفتار
پرخطر! ... Dies ist ein riskantes Verhalten! Verstehst du, was
ich dir sage?! Nein; natürlich verstehst du es nicht!!! Du
wirst von einem Arzt betreut! Du nimmst Medikamente!
Rattengift bei dir zu haben, ist genau wie ein Küchenmesser
in der Hand eines zweijährigen Kindes!

Sara: Wenn jemand Rattengift zu Hause hat, bedeutet das, dass
er sich umbringen will?!

بابک: من گفتم هر کی مرگ‌موش تو خونه داشته باشه، یعنی می‌خواد خودشو
بکشه؟!

Sara: Was dann?!

بابک: اصلاً ما چرا باید مرگ‌موش تو خونه داشته باشیم؟!

Sara: Um die Mäuse zu töten!

بابک: برا موش خُب چسب می‌گرفتی؛ مگه یارو نگفت بیا بهت چسب‌موش
بدم؟!

Sara: Vergleichst du wirklich den Rattenkleber mit dem Rat-
tengift?!

بابک: چه فرقی می‌کنه؟!!!

Sara: Der Unterschied ist, dass das Rattengift die Ratte leicht
und schmerzlos tötet, aber der Rattenkleber ...

بابک: مرگ راحت و بی‌دردسر؟!!! یعنی تو واقعاً ...

Sara: Genau, ein bequemer und schmerzloser ...

بابک: ای واااای! یعنی تو برا موشای تو انبارِیمونم دنبال یه مرگ راحت و بی‌دردسر می‌گردی؟!!! خُب دیگه چرا می‌خوای بکشیشون؟!!!

Sara: *(Ruhig)* Schatz, das Rattengift hat noch hundert Zwecke!

بابک: مرگ‌موش صدتا کاربرد داره؟!!! مرگ‌موش فقط ...

Sara: Ja, stimmt! Aber sobald du jemandem „Rattengift“ sagst, denkt er sofort entweder an Selbstmord oder an den Tod der Mäuse!

بابک: شما فقط یه کاربردشو بگو! نودونّه‌تاشو بنداز بره، یه دونه‌شو شما به من بگو! به غیر از خودکشی و موش‌کشیا!!!

Sara: *(Unmittelbar)* Der Ehemann!!!

Pause
مکث

بابک: چی؟!!!

Sara: Der Ehemann! ... Der Ehemann, der ein Diktator ist!

بابک: *(با نیشخند)* شوهر!!!

Sara: Ja!

بابک: شوهر دیکتاتور!!!

Sara: Richtig; der selbstherrliche und anmaßende Ehemann!!!

بابک: یعنی اگه یه آدم یه شوهر خودرأی و دیکتاتور داشته باشه، می‌تونه به جای موشای تو زیرزمین ... (بابک ناگهان حرفش را بریده و بحثش را عوض می‌کند) چی می‌خوای بگی سارا؟! چرا حرفتو راحت نمی‌زنی؟!

Sara: Wenn ich es dir deutlich sage, wirst du kein Problem damit haben?!

بابک: نه؛ چرا باید مشکل داشته باشم؟!

Sara: Du hattest es aber immer!

بابک: شاید دیگه نداشته باشم!

Sara: Wieso solltest du kein Problem mehr haben?! Was hat sich geändert?!

بابک: وقتی یه پات خونه‌ست یه پات تو مطب دکتر، وقتی داری دارو مصرف می‌کنی، وقتی مُخت این‌جوری گوزیده، دیگه چه مشکلی می‌تونم با حرفات داشته باشم!!!

Sara: Ich gehe zum Arzt und nehme Medikamente, weil ich krank bin; ich bin aber nicht verrückt!

بابک: من گفتم تو دیوونه‌ای؟!!!

Sara: Aber das hast du gemeint!

بابک: منظورم اصلاً این نبود، خودتم خیلی خوب ...

Sara: Jedenfalls bin ich nicht verrückt und zufälligerweise weiß ich ganz genau, was ich sage!

بابک: (دستانش را به نشانه‌ی شکرگزاری، بلند می‌کند) خدا رو شکر، خدا رو شکر؛ خدا رو صدهزار مرتبه شکر که دیوونه نیستی، فقط بیماری؛ خدا رو شکر که دقیق می‌فهمی چی داری میگی؛ خدا رو شکر که ...

Es geht Sara allmählich schlimmer und schlimmer. Sie überprüft die Uhrzeit erneut mit ihrer Armbanduhr und unterbricht Babak.

حال سارا لحظه به لحظه بدتر می‌شود.
او یک بار دیگر زمان را با ساعتی که بر
دست دارد، چک کرده و حرف بابک را
قطع می‌کند.

Sara: Es gibt gaaar keine Mäuse im Keller unseres Hauses!

Schweigen

سکوت

بابک: چی؟!!!

Sara: Es gibt gar keine Mäuse ... im Keller unseres Hauses!

بابک: پس چرا رفته‌ی مرگ‌موش گرفته‌ی اگه هیچ موشی تو ...

Sara: *(Unmittelbar, unterbricht sie Babak)* Für dich!

بابک: برا من!!! ... برا من یعنی به سفارش من، یا برا این‌که باهاش منو ...

Pause. Babak weigert sich, seine Frage vollständig zu stellen und macht nicht weiter.

مکث. بابک، از پرسیدن سؤالش به
صورت کامل، منصرف شده و ادامه
نمی‌دهد.

Sara: *(Sie schämt sich)* Um dich damit zu ...

Diesmal weigert sich Sara, ihre Frage vollständig zu stellen. Sie hat ihren Kopf gesenkt, weil sie sich

schämt und ihr Körper ist leicht von
der Taille gebeugt, weil sie Bauch-
schmerzen hat. Babak, verdutzt und
staunend, versucht, etwas zu sagen.

این بار، سارا از پرسیدن سؤالش به صورت
کامل، منصرف می‌شود. او با شرمندگی،
سرش را پائین انداخته و از درد شکم،
کمی از کمر، خم شده است. بابک،
شگفت‌زده و مبهوت، دنبال حرفی برای
گفتن می‌گردد.

بابک: یعنی تو واقعاً ...

Sara: Es tut mir leid!

بابک: یعنی تو واقعاً می‌خواستی ...

Sara: Es tut mir wirklich leid!

بابک: متأسفی؟!!! ... همین؟!!! فقط متأسفی؟!!!

Sara: Nein; nicht einfach „Es tut mir leid", sondern ich bedaue-
re es auch; ich sollte nicht ...

بابک: آخه چرا؟!!! تو چه مرگت شده سارا؟!!! یعنی تو واقعاً می‌خواستی منو ...

Sara: Ja, das wollte ich; aber nur, ich „wollte"! Das Verb ist Prä-
teritum, Babak!

بابک: (با خودش) عجب!!!

Sara: Hör ein wenig genauer zu! Präteritum; du kennst defini-
tiv die Verben der Vergangenheitsform!

بابک: آره خدا رو شکر فعل گذشته دیگه اسم شیمیایی مرگ‌موش نیست که
نشناسمش! ... یعنی الان دیگه نمی‌خوای ...

184

Sara: *(Entschieden)* Nein; natürlich will ich nicht mehr …

بابک: یعنی من اگه الان این‌جا بگیرم بخوابم، بیدار نمیشم ببینم یه کارد
آشپزخونه تا دسته تو شیکممه؟!‬ ...Bin ich sicher genug in diesem
Haus, dass ich ruhig schlafen kann, wenn ich müde werde?!

Saras körperliche Verfassung ver-
schlechtert sich von Minute zu Mi-
nute. Sie ist blass, sehr durstig und
hat starke Bauchschmerzen. Trotz-
dem versucht sie immer noch, ihren
Schmerz vor Babak zu verstecken.

حال سارا هر لحظه بدتر می‌شود. او
رنگش پریده، سخت احساس عطش
کرده و شکم‌درد شدیدی دارد. با این
حال، هم‌چنان می‌کوشد تا دردی که
می‌کشد را از بابک مخفی کند.

Sara: Lieber Babak … Schatzi … es war eine falsche Entschei-
dung, und jetzt wird niemand in diesem Haus andere ver-
letzen; okay?!

بابک: معلومه که قرار نیست تو این خونه کسی به کسی صدمه بزنه!!! ما زن و
شوهریم؛ دشمن هم که نیستیم!

Sara: Du hast recht, mein Schatz; wir sind ein Paar und keine
Feinde! … Es … es tut mir wirklich leid!

بابک: خوشم میاد این عزیزم گفتنه از زبونت نمی‌افته!

Sara: Du bist doch mein Schatz!

بابک: فکرشو بکن؛ یارو زنه کارد آشپزخونه رو تا دسته کرده تو شیکم شوهرش، بعد
می‌خواد کارده رو در بیاره، این‌جوری (هم‌زمان، گفته‌هایش را بازی می‌کند)
میگه ... معذرت می‌خوام عزیزم ... یه لحظه ... آهاااان ... مواظب باش
گلم خون نریزه رو لباسات؛ نمی‌تونم دوباره امروز لباسشویی روشن کنم!!!

185

Sara: *(Mit einem Lächeln, aber immer noch mit einem nicht so guten Gesundheitszustand)* Wooow; du bist nicht nur ein Iraner, sondern bist ein iranischer Schauspieler!!!

بابک: دروغ میگم؟!

Sara: Wer wollte ein Küchenmesser in den Bauch ihres Mannes stecken und dann, während sie das Messer aus seinem Bauch herausnimmt, sagen: *(Sie wiederholt Babaks Spiel, aber sehr übertrieben)* „Oh, pass auf … pass auf, mein Schatz, darauf, dass deine Kleidung nicht blutig wird; ich kann heute nicht wieder die Waschmaschine einschalten"?!

بابک: حالا من یه سؤالی دارم!

Sara: Stell deine Frage!

بابک: فرض کنیم تصمیمت عوض نشده بود و سر منو کرده بودی زیر آب، ... (یک بار دیگر، ناگهان حرفش را عوض می‌کند) اصلاً من شرمم میشه در موردش حرف بزنم! آخه تو ...

Sara: Es war eine falsche Entscheidung, die ich geändert habe und ich habe mich bei dir entschuldigt, Babak!

بابک: سؤاله دیگه، پیش میاد!

Sara: Können wir nicht mehr darüber reden?!

بابک: من گفتم فرض کنیم! ... Hypothetisch!

Sara: Okay; da du so sehr darauf bestehst, dann nimm an!

بابک: آره من اصرار دارم که فرض کنم!

Sara: Ja, ist okay!

بابک: واقعاً می‌خوام بدونم بعدش جواب خونواده‌هامونو چی می‌دادی!!!

Pause

مکث

Sara: Eigentlich … ich … ich weiß es nicht … *(Sie schämt sich
und deswegen dreht sie sich um, um Babak nicht in die Augen
zu sehen)* Ich könnte einfach sagen, dass …

بابک: به جان خودم تو به جای مغز، مدادپاک‌کن تو کلّه‌ته!

Sara: Ich könnte einfach sagen, dass ich das Rattengift gekauft
habe, um die Mäuse zu töten, die im Keller sind, und …
und danach … keine Ahunug … du hast es gefunden, ein-
genommen und …

بابک: به همین راحتی!!!

Sara: Also, es wäre glaubwürdig, weil du vorher auch schon ein-
mal versucht hast, dich …

بابک: یعنی تو رفته‌ی برا موشا سم خریده‌ی، بعد من رفته‌م همه‌ی سمّا رو
خورده‌م، هیچی هم به موشا نداده‌م!!!

Sara: Also …

بابک: مردمم باور می‌کنن!!!

Sara: Ist es unglaubwürdig?!

بابک: عجیب نیست؟!

Sara: Nein!

بابک: احمقانه که هست!

Sara: Hast du vergessen, dass du eine Krankheitsgeschichte hast?!

بابک: خُب داشته باشم! خیلیا سابقه‌ی بیماری دارن!

Sara: Was für komische Fragen, die du jetzt stellst!

بابک: نه اتفاقاً بذار بپرسم!

Sara: Ich schäme mich genug wegen der dummen Idee, die ich in meinem Kopf hatte!

بابک: بایدم از خودت که به خاطر فکری که تو کلّه‌ت بوده خجالت بکشی؛ ولی می‌خوام بدونم مثلاً برا بعدش برنامه‌ت چی بوده! تازه من صدتا سؤال دیگه هم دارم که باید همه رو جواب بدی!

Sara: Hast du wirklich noch hundert Fragen?!

بابک: من میگم صدتا، تو بگو هزارتا! بابا من کلّه‌م داره سوت می‌کشه از این اراجیفی که دارم می‌شنوم!

Sara: *(Sie überprüft noch einmal die Uhrzeit auf ihrer Armbanduhr und spricht geheimnisvoll)* Es tut mir leid, aber … ich denke, dass ich nicht genug Zeit habe, um alle deine Fragen zu beantworten!!!

بابک: شما نگران وقت نباش که زیاد داریم. کاش یک‌هزارم وقتی که داریم، شرم و حیام داشتیم!

Sara: *(Immer noch geheimnisvoll)* Du, vielleicht; ich habe aber tatsächlich nicht …

بابک: دوتامون به اندازه‌ی کافی وقت داریم، بازی هم نمی‌خواد درآری!

Sara: Ich spiele nicht!

بابک: پس چون من سابقه‌ی بیماری روانی دارم، دیگه تو هر چی که بگفتی، مردم ...

Sara: Ich meinte eine Geschichte von akuten psychischen Erkrankungen!

بابک: خیلیا سابقه‌ی بیماری روانی حاد دارن؛ همه میرن مرگ‌موش می‌خورن؟!

Sara: Aber du hast auch die Selbstmordgeschichte!

بابک: عجب!!! پس تو رو سابقه‌ی خودکشی منم حساب کرده بوده‌ی!!!

Sara: Eigentlich ja; … für jemanden, der ein halbes Kilogramm Tabletten *(Sie zeigt eine große Menge an Tabletten mit ihrer Handfläche)* genommen hat, um sich umzubringen, wäre es gar kein Wunder, wenn er es noch einmal versucht hätte, und dieses Mal mit nur 20 Gramm *(Sie zeigt mit ihrer Fingerspitze, dass 20 Gramm eine sehr kleine Menge sind)* Arsenoxid!

بابک: اُسکُل، اون‌وقتی که من *(حرکت سارا را تکرار می‌کند)* نیم کیلو قرص خوردم، تنها بودم؛ الان اگه بیست گرم که چه عرض کنم، دو گرمم اکسید نمی‌دونم چی‌چی بخورم، اولین کسی که میان یقه‌شو می‌چسبن، توئی دیوانه!

Sara: Warum sollte mich jemand verdächtigen?!

بابک: چرا نباید بهت شک کنن؟!

Sara: Sie sollten mich nicht verdächtigen, weil alle Mitglieder unserer Familien, alle unsere Freunde, alle unsere Nachbarn und alle unsere Bekannten, alle wissen, wie sehr ich dich liebe!

بابک: *(با طعنه)* آره خُب راست میگی؛ اصلاً یادم نبود! همه می‌دونن تو چقد منو دوست داری!

Sara: Machst du wieder einen Witz?!

بابک: نه بابا طعنه‌م کجا بود! تو اون‌قد منو دوسَم داری که به جای چسب‌موش، برام مرگ‌موش گرفته‌ی که زجرکش نشم؛ خُب معلومه کسی بهت شک نمی‌کنه!

Sara: Das ist überhaupt nicht unglaubwürdig; deine Geistes-
krankheit ist zurückgekehrt und du hast das Rattengift
gefunden, das ich gekauft habe, um die ... *(Pause. Plötz-
lich)* Worüber reden wir, Babak?! Kannst du bitte damit
aufhören?!

بابک: نه نه، چرا تمومش کنیم؟! ادامه بده! اتفاقاً من خیلی مشتاقم بدونم تو واقعاً چطوری روت میشه این‌قد راحت درباره‌ی فکر پلیدی که تو اون کلّه‌ی پوکت بوده حرف بزنی!

Sara: Was auch ... was auch immer ich tue ... welche Entschei-
dung ich auch treffe, ... das ist alles, weil ich dich liebe!
Verstehst du?!

بابک: این عشقه بی‌انصاف؟! این دوست‌داشتنه؟! اگه عشقت اینه، پس خدا می‌دونه نفرتت چه مصیبتیه!

Sara: *(Sie klopft sanft mit ihrer Fingerspitze auf ihren eigenen Kopf)*
Das Problem kommt von hier; sonst *(Sie zeigt dieses Mal
mit ihrer Fingerspitze auf ihr Herz)* liebe ich dich mehr als
irgendjemand auf der ...

بابک: این حرفا چیه که *(با تقلید حرکت سارا، انگشت به کلّه کوفته و ادای او را درمی‌آورد)* مشکل از این‌جاست! ... یعنی فقط به خاطر این‌که من دوست دارم، به خاطر این‌که نمی‌خوام از دستت بدم، به خاطر این‌که اجازه نمیدم جمع کنی پاشی بری یه کشور دیگه، باید از این‌جات *(با اشاره‌ی دوباره به سر خود)* دستور بیاد که مرگ‌موش به خورد من بدی!!!؟

Sara: Weißt du, was besser ist als ein Ehemann, der mit einer
Fremden schläft?!

بابک: نه نمی‌دونم؛ تو بگو! *(ناگهان با لحنی متفاوت)* اصلاً کی خواسته ...

Sara: Ein toter Ehemann!

بابک: *(بی‌حوصله و بی‌تمرکز)* شوهرِ کی مُرده؟!

Sara: Niemandes Ehemann ist tot!

بابک: پس چی؟!

Sara: Nur ein toter Ehemann ist besser als ...

بابک: *(یک بار دیگر ـ عصبی و آشفته ـ حرکت لحظاتی قبل سارا را تقلید کرده و با انگشت به کلّه‌ی خود می‌کوبد)* الان این دستوره هم از بالاخونه‌ت رسید؟! فقط یه شوهر مُرده بهتر از شوهریه که با یه زن غریبه می‌خوابه؟! اصلاً کی خواسته بره با یه زن غریبه بخوابه؟!!!

Sara: Es gibt noch etwas anderes!

بابک: بگو؛ بگو ببینم دیگه چه پیامایی از *(باز هم با انگشت به کلّه‌ی خود می‌کوبد)* اون مرکز درب و داغون فرماندهیت می‌رسه!

Sara: Eine tote Frau ...

بابک: زنِ کی مُرده؟!

Sara: Niemandes Ehefrau ist tot!

بابک: پس چی؟!

Sara: Eine tote Frau ist viel besser als eine Frau, die lebt und ihren Mann mit einer fremden Frau schlafen sieht!

بابک: باز این دومی، نسخه‌ی بهتریه!

Sara:	*(Sie nähert sich auf mysteriöse Weise Babak und flüstert ihm neurotisch ins Ohr)* Na ja, ich glaube auch, dass Letzteres besser ist!

بابک:	*(از سارا فاصله می‌گیرد)* لااقل ریسکش برا من کمتره! ... *(با خودش مرور می‌کند)* یه زن مُرده، بهتر از زنیه که زنده‌ست و می‌بینه مردش با یه زن غریبه‌ست! ... به جون خودم خیییلی بی‌خطرتره؛ فقط من نمی‌دونم این زن غریبه‌ها کجان!!!

Sara:	Es gibt sie, und zufälligerweise gibt es viele!

بابک:	!!!کو؟ پس چرا من ...

Sara:	Es reicht, dass ich dieses Land verlasse; unmittelbar danach werden zweihundert fremde Frauen erschienen, die alle ...

بابک:	باز گفت دویست‌تا زن غریبه! *(ناگهان حرفش را عوض می‌کند)* بیار پس اون فرمه امضاء کنم برو این زن غریبه‌ها بیان من ببینمشون چه شکلی‌ان! والله؛ یهو دیدی یکیشون چِشمو گرفت!

Sara:	Nein; *(Pause)* ... nicht mehr! Deine Erlaubnis, das Land zu verlassen, ... hilft mir nicht mehr!

بابک:	داری عزیزم؛ نیاز داری.

Sara:	Das glaube ich nicht!

بابک:	ما زن و شوهر رسمی هممیم. مگه این‌که ...

Sara:	Ja; rechtlich, ja! Nur eine Witwe darf ohne Erlaubnis ihres Mannes ...

بابک:	الان هستی؟!

Sara:	Was? Witwe?

بابک: آره!

Sara: Nein.

بابک: پس بیوه نیستی؟!

Sara: Nein, ich bin keine!

بابک: خدا پدرتو بیامرزه! ... زن شوهرداری، شوهرتم نه قصد متارکه داره نه
تصمیمِ مردن! دیگه چی میگی؟! چی می‌خوای؟!

Sara: Ja, ich bin eine verheiratete Frau, deren Ehemann noch
lebt! Aber …

بابک: تمام! دیگه ولی نداره که!

Sara: Doch, es gibt ein „Aber“! (Pause. Bedrohlich) Aber … aber
diese Frau ist nicht jemand, die lebt und sieht, dass ihr
Ehemann mit einer anderen Frau …

بابک: ببینم شما قرصاتو خورده‌ی؟! (مکث. سارا شروع به جواب دادن می‌کند،
ولی بابک – بی‌اعتنا به او و هم‌زمان با دیالوگ بعدی‌اش – ادامه می‌دهد)
حالا دیگه نوبت منه؛ قرصاتو خورده‌ی؟!، قرصاتو بخور!، قرصاتو بیارم؟!،
قرصات کجاست؟!، قرصات …

Sara: (Enttäuscht und gleichzeitig mit Babaks vorherigem Dialog) Mei-
ne Tabletten sind wie deine Zustimmung; ich brauche sie
auch nicht mehr! … Jetzt, möchte ich nur …

Sara kann ihre schlechte körperliche
Verfassung nicht mehr verbergen.
Sie hat Übelkeit, bückt sich und
will sich übergeben. Babak sieht
sie mit besorgten Augen an und
geht auf sie zu.

سارا دیگر توان مخفی کردن وضعیت نامناسب جسمی‌اش را ندارد. او از کمر تا شده و تا آستانه‌ی بالا آوردن هم پیش می‌رود. بابک با چشمانی نگران به او نگاه کرده و به سمتش می‌رود.

بابک: ‏(نگران) خوبی سارا؟! (سارا تنها با اشاره‌ی دست، نشان می‌دهد که همه‌چیز خوب است؛ ولی نیست! پس از لحظاتی که به سکوت و بدحالی سارا می‌گذرد، بابک – همین‌طور که با کلافگی در صحنه قدم می‌زند – با انگشت، گفته‌های سارا را شمرده و ادامه می‌دهد) رضایت شوهرو که میگی دیگه به دردت نمی‌خوره، قرصاتم که میگی دیگه بهشون نیاز نداری، اون زنی هم نیستی که زنده باشه و ببینه شوهرش داره با یه زن دیگه زندگی می‌کنه؛ (ناگهان –آشفته و عصبی –با حرکت دست، خواسته‌اش را مطالبه می‌کند) پس رد کن بیاد اون زهرماری رو! زود باش! کجا گذاشتیش؟!

Sara: *(Sie krächzt)* Was habe ich wohin gelegt?!

بابک: ‏(با عصبانیت) همون گُهی که خودت می‌دونی!

Sara: Rattengift oder …

بابک: ‏(بلافاصله و با فریاد) کجاست؟!

Schweigen

سکوت

Sara: *(Sie ist den Tränen nahe und flüstert)* Im Keller unseres Hauses befinden sich keine Mäuse, Babak!

بابک: ‏معلومه هیچ موشی تو زیرزمین نیست! قبلاً هم گفته‌ی، اگه نمی‌گفتی هم خودم می‌دونستم! الانم دقیقاً به خاطر همین می‌خوام ازت بگیرمش!

Sara: Was willst du damit tun?

بابک: ‏نگهش می‌دارم وقتی انباریمون موش‌دار شد، نخوایم تازه بریم دنبال سم بگردیم! خُب می‌ریزمش تو دستشویی دیگه!

Sara: In die Toilette?!!!

بابک: ببین سارا، من نمی‌تونم وقتی دارم سر کلاس درس میدم، حواسم این‌جا پیش تو باشه؛ خُب؟!

Sara: Du musst dir keine Sorgen um mich machen, wenn du im Unterricht bist!

بابک: نمی‌تونم، نمیشه، دست خودم ... Doch!

Sara: Du musst nicht Babak; … nein, nicht mehr! Glaub mir!

Schweigen. Babak macht sich von Moment zu Moment mehr Sorgen.

سکوت. بابک هر لحظه نگران‌تر می‌شود.

بابک: تو چته سارا؟! حالت خوبه؟!

Sara: *(Sie spielt vor, dass es ihr nicht schlecht geht)* Alles gut; ich bin nur ein bisschen …

بابک: (هم‌چنان نگران و عصبی) چرا داری منو می‌پیچونی زن؟! کجا گذاشته‌ی اون کوفتی رو؟ نکنه یه وقت بری ...

Sara: *(Sie bewegt ihren Kopf und zeigt vage auf eine Ecke der Bühne)* Dort! … *(Sie bedeckt ihr Gesicht mit ihren Handflächen)* Die Hälfte davon ist da!

بابک: (در حالی که با دستپاچگی، امتداد اشاره‌ی سارا را جستجو می‌کند) نصفش؟! مگه چقد بوده که نصفشم کرده‌ی؟

Sara: Also …

بابک: اصلاً چرا باید نصفش می‌کردی؟!

Sara: Also ich …

195

بابک: (برگشته و به سارا نگاه می‌کند) نصف دیگه‌ش کدوم گوریه؟!

Sara schüttelt traurig ihren Kopf und da sie starke Bauchschmerzen hat, hält sie ihren Bauch mit der Hand. Die Musik des Endes wird nach und nach hinzugefügt. Ab diesem Moment bis zum Ende des Theaterstücks wird Sara völlig angeschlagen sein, und spricht mit gebrochener Stimme. Babak ist geschockt und seine Augen sind vor Staunen weit geöffnet.

سارا سری از سر تأسف جنبانده و از شکم‌درد به خود می‌پیچد. موسیقی پایانی، کم‌کم به صحنه افزوده می‌شود. از این لحظه تا پایان نمایشنامه، سارا کاملاً بی‌رمق بوده و همه‌ی دیالوگ‌هایش را بریده‌بریده می‌گوید. بابک شوکه شده و چشمانش از تعجب، تا آخرین حدّ ممکن باز مانده است.

بابک: (در حالی‌که سخت آشفته و مستأصل است، کل صحنه را با دستپاچگی می‌گردد) یا اباالفضل!!! تو چیکار کردی زن؟!!! ... دیوانه دیوانه دیوانه!!! کجاست این گوشی تلفن؟!!!! ... تو این‌جا زیرگوش من بودی؛ آخه کی ... (مکث. ناگهان به گونه‌ای که گویا متوجه چیزی شده، یک بار دیگر امتداد اشاره‌ای که سارا کرده بود را می‌جوید. سپس به سمت لیوان آب پرتقال نیمه‌پری می‌رود که نیمه‌ی دیگرش توسط سارا خورده شده است. بابک لیوان را برداشته و جلوی صورت خود نگه می‌دارد. با خودش) قرصاتو خورده‌ی؟!، نمی‌خوای قرصاتو بخوری؟!، یعنی الان که قرصاتو نمی‌خوری بهتری؟! ... (به سارا) آی پرتقال خریدم آب گرفتم، آی بخور برا گلودردت خوبه، آی پرتقال ویتامین‌سی داره، آی انباری موش داره؛ همه‌ی این بازیا به خاطر ...

196

Sara ist beschämt. Sie senkt ihren Kopf und antwortet nichts. Babak setzt das Glas sofort an seinen vorherigen Platz und sucht sein Handy mit der gleichen Eile wie zuvor.

سارا سرش را پائین انداخته، و جوابی نمی‌دهد. بابک بلافاصله لیوان را سر جای قبلی‌اش گذاشته و با همان شتاب قبل، دنبال گوشی تلفن می‌گردد.

Sara: Schatz?!

بابک: *(با عصبانیت)* شاتس و کوفت؛ شاتس و زهرمار! کجاست این صاحاب مرده؟!!

Sara: Es gibt nichts mehr; alles was noch da ist, ist in …

بابک: چیو دیگه نیست؟!

Sara: Alles was noch da ist, ist in diesem Glas!

بابک: *(هم‌چنان سرآسیمه و مضطرب)* هر چیه تو همین تو لیوانه‌ست؟! گوشی تلفن تو همین تو لیوانه‌ست؟!!!

Sara: Handy?! Wofür brauchst du das Handy?

بابک: می‌خوام شافتش کنم؛ خُب می‌خوام زنگ بزنم یه قبرستونی‌جایی بیان یه خاکی تو سرمون بریزن تا دیر نشده!

Sara: Es ist sowieso zu spät!

بابک: *(داد می‌زند)* خفه شو پاشو برو یه عُق بزن بیارش بالا تا من این گوشیو پیدا می‌کنم!

Sara: *(Energielos, lässig und absolut enttäuscht)* Wenn ich es erbrechen wollte, würde ich es nicht trinken!

Während Babak sein Handy sucht, nörgelt er und beschuldigt gleichzeitig seine Frau für das, was sie getan hat. Danach geht er zur Steckdose und findet nur sein Ladegerät; allerdings ist dort kein Handy!

بابک همین‌طور که هم‌چنان به دنبال گوشی تلفن می‌گردد، نق‌نق کنان، همسرش را هم به خاطر کاری که کرده، سرزنش می‌کند. او سپس به سمت پریز برق رفته و تنها کابل شارژر موبایلش را پیدا می‌کند؛ از گوشی تلفنش ولی خبری نیست!

بابک: ‏(شارژر را از برق کشیده و محکم به زمین می‌کوبد) موبایلم کو؟! گذاشته بودم این‌جا شارژ شه! (سکوت. بابک ناگهان از سکوت سارا شاکی شده و داد می‌زند) سارا؟!!!

Sara: *(Sie hat immer noch Bauchschmerzen)* Ach du Scheiße! Warum schreist du …

بابک: ‏چرا داد می‌زنم؟!!! گوشی من کجاست؟!!!

Sara: Das weiß ich nicht!

بابک: ‏گوشی خودت کجاست؟! بده من یه لحظه …

Sara: Mein Handy?! Das weiß ich auch nicht!

بابک: ‏گوشی خودتم نمی‌دونی کجاست؟!!!

Pause. Babak sucht weiter, um mindestens eins von zwei Handys zu finden.

مکث. بابک هم‌چنان برای پیدا کردن لااقل یکی از گوشی‌ها تلاش می‌کند.

Sara: Babak … such bitte nicht!

بابک: یه ربع دیگه کف و خون بالا میاری؛ نگردم؟! چرا نگردم؟!

Sara: Weil du die nicht finden kannst!

بابک: همه‌ی کمکی که می‌تونی بکنی همینه؟! نگردم چون پیداشون نمی‌کنم؟!

Sara: Ich suchte, da es keine gab; such nicht, sie sind nicht da!

بابک: (ناگهان دست از جستجو می‌کشد. با تعجب) صبر کن ببینم؛ گشته‌ی
نبوده، نگردم نیست؟!

Sara: Also ihr Iraner sagt; ich suchte, da es keine gab, dann …

بابک: تو کی گشته‌ی؟! تو که دو ساعته فقط داری منو می‌پیچونی! (مکث.
ناگهان حرفش را عوض می‌کند. با تعجب بیشتر) ببینم؛ نکنه …

Sara: (In einem höheren Ton als gewöhnlich und nur um Babaks Aus-
sage zu unterbrechen) Babak!!!

بابک: نکنه گوشیامونم خودت یه‌جا …

Sara: Du kannst die Handys nicht finden, wenn ich es dir ehr-
lich sage! Okay?!

بابک: (کلافه) پس گوشیا رو هم خودت ورداشتی؟!

Sara: Komm her bitte …

بابک: الان من دقیقاً باید چیکار کنم؟! بشینم اینجا دست رو دست بذارم ببینم
کِی اون کف و خونی که گفتمو بالا میاری؟!

Sara: Komm her und setz dich für einen Augenblick … bitte!

بابک: (قاطعانه و محکم) نمی‌تونم!!! ... الان بیام اون‌جا بشینم، نیم‌ساعت دیگه باید به جای اورژانس، زنگ بزنم نعش‌کش بیاد!

Sara: In der nächsten haaalben Stunde?!!!

بابک: پس زمانم گرفته‌ی!!!

Sara: (Sie schüttelt noch einmal traurig ihren Kopf) Komm und setz dich, Schatz ... ich habe nicht so viel Zeit!

بابک: بفرما؛ خانم فکر همه‌جای کارشو کرده، اون‌وقت من گاگول دارم خودمو جرّ و واجر می‌کنم که ... (سارا، ناگهان و به سرعت، پشت یکی از وسایل صحنه رفته و در آن‌جا بالا می‌آورد. بابک، حرفش را نیمه‌تمام رها کرده و سراسیمه به سمت او می‌رود. قاطعانه و محکم) بذار کمکت کنم زن! بذار تا دیرتر نشده ...

Sara: (Sie geht, plötzlich und schnell, in eine Ecke der Bühne und übergibt sich. Mit einem bitteren Lächeln) Jetzt ist es auch zu spät, Babak! ... Ich habe maximal nur noch fünf ... oder sechs Minuten Zeit!

بابک: (با لحنی که زمان باقی‌مانده‌شان را زیاد جلوه می‌دهد) پنج شش دقیقه؟!!! ما الان داریم ثانیه از دست میدیم!!!

Sara: Aber mir geht es wirklich gut!

بابک: آره خُب یه نگاه به اون‌جا (به گوشه‌ای که سارا بالا آورده اشاره می‌کند) بنداز، معلوم میشه چقد حالت خوبه!!! بذار کمکت کنم سارا!

Sara: Hilfe ist etwas für jemanden, der ungewollt vergiftet ist!

Pause

مکث

بابک: (با گریه‌ای در گلو و لرزش محسوسی در صدا) این چه کاری بود با زندگیمون کردی؟!

200

Sara zeigt auf ihre Hand und bittet Babak, sich neben sie zu setzen. Babak ergibt sich schließlich dem Willen von Sara und setzt sich neben sie; während seine Augen allmählich von Tränen feucht werden. (Achtung: zu diesem Zeitpunkt des Theaterstücks muss die Position der Charaktere auf der Bühne, Beleuchtung, Musik und andere Theaterelemente so gestaltet sein, dass die Dialoge nicht nackt wären.)

سارا با اشاره‌ی دست، از بابک می‌خواهد که کنارش بنشیند. بابک دیگر تسلیم خواسته‌ی سارا شده و با چشمانی که کم‌کم دارد خیس می‌شود، در کنار او می‌نشیند. (توجّه: در این مقطع از نمایشنامه، نحوه‌ی استقرار دو کاراکتر بر صحنه، نور، موسیقی و سایر عناصر بیان تئاتری باید به گونه‌ای باشند که مانع از عریان بودن دیالوگ‌ها شوند.)

Sara: Ich habe dir doch gesagt, dass diese Geschichte ohne deine Hilfe nicht gut enden kann!

بابک: من فقط نمی‌خواستم از دستت بدم؛ همین!

Sara: Alle meine Nachdrücklichkeiten waren auch genau deswegen ... damit ich dich nicht verliere!

بابک: تو گفتی این ماجرا بدون کمک من، ختم به خیر نمیشه، ولی من ... من واقعاً نمی‌دونستم سارا؛ ... منو ببخش عزیزم!

Sara: *(Sie zeigt Babak mit der Bewegung ihrer Hände, dass er nicht so reden sollte, und dann lächelt sie bitter)* Also, ... tatsächlich wollte ich zuerst den ersten Plan umsetzen … aber danach …

بابک: پلان! … کدوم پلان؟!

Sara: Nur ein toter Ehemann ist besser als ein Ehemann, der mit einer fremden Frau …

بابک: *(به نقطه‌ای از صحنه خیره شده و بدون این‌که حتی پلک بزند، ابتدای دیالوگش را با انتهای دیالوگ قبلی سارا در هم می‌آمیزد. این دیالوگ، همان دیالوگی است که هم‌زمان با گفتن آن، حسِ بابک – از گریه و ناراحتی، به جدّیّت لازم برای اتخاذ مهم‌ترین تصمیم زندگی‌اش – تغییر می‌کند)* فقط یه شوهر مُرده، بهتر از شوهریه که زنده‌ست و میره با یه زن غریبه می‌خوابه! … ولی بعدش رفتی سراغ نسخه‌ی دومت! … یه زن مُرده، … خیلی بهتر از زنیه که زنده‌ست و می‌بینه شوهرش داره …

Sara: *(Diesmal mischt sie, wie Babak, den Beginn ihres Dialogs mit dem Ende von Babaks vorherigem Dialog)* Eine tote Frau … ist viel besser als eine Frau, … die lebt und … und ihren Mann mit einer fremden Frau … *(Sie unterbricht ihre Aussage und sagt etwas anderes)* Weißt du? … Ich … ich ignorierte den Befehl, der von hier *(Sie zeigt auf ihren Kopf)* kam und folgte dem Befehl, der von hier *(Sie zeigt auf ihr Herz)* kam!

بابک: *(مرموزانه)* من از هر کاری کردم که از دستت ندم! … نشد، … ولی هنوزم دیر نشده! … هنوزم می‌تونم …

Sara: Bis zu meinem Lebensende gehörte ich nur dir, und das reicht mir! … Mein Herz hatte recht!

بابک: *(بی‌اعتنا به سارا)* نشد، ولی هنوزم دیر نشده! … هنوزم می‌تونم کمک کنم تا به اون چیزی که از خدا می‌خواستی، برسی!

Sara: Ich habe wirklich keine Wünsche an Gott … an dich aber schon!

بابک: (از فرط ناراحتی، با کف دو دست، صورتش را می‌پوشاند) بگو عزیزم ...
(دستانش را از صورت برداشته و به چشمان سارا خیره می‌شود) هر چی
که بخوای، من ...

Sara: Das Bett!

بابک: (با تعجب) چی؟!!!

Sara: (Mit einem bitteren Lächeln) Unser Bett! Die eine Hälfte von
diesem Bett gehört mir, Babak; ... gehört nur mir!!!

*Babak hat jetzt seine eigene Ent-
scheidung getroffen und sein Ge-
müt ändert sich merklich. Er geht
zu dem Glas mit Orangensaft, von
dem die Hälfte getrunken ist, und
das in einer anderen Ecke der Büh-
ne steht.*

بابک که حالا دیگر تصمیمش را
گرفته و احوالاتش به طرز مشکوک و
چشمگیری عوض شده است، به سمت
لیوان نیمه‌خورده‌ی آب پرتقال، که در
گوشه‌ی دیگری از صحنه قرار دارد، می‌رود.

بابک: (هم‌زمان با فاصله گرفتن از سارا) اللهُاکبر!!! ... الله اکبر؛ آخه آدم این‌ن‌ن‌ن‌قد
حسود!!!

Sara: Ich weiß nicht, ob es „Eifersucht" oder anders heißt, aber ...

بابک: سه دانگ اتاق خواب مال تو؛ از الان، تا قیااااام قیامت؛ خوبه؟! به جان خودم
هیییییچ اتفاقی نمی‌افته اگه این آخرین نفساتو لااقل حرومِ حسادت نکنی!

Sara: Ich bin mir nicht sicher, ob es „Eifersucht" heißt, trotz-
dem befriedigt mich nichts so sehr, als wenn ich sicher-
stelle, dass du ...

بابک: *(بی‌اعتنا به سارا)* من همیشه فکر می‌کردم از بین مادر و فرزند، ... زن و شوهر، ... خواهر و برادر، یا از بین هر دو نفری که عاشقانه همدیگه رو دوست دارن، ... بالاخره یه نفر باید زودتر از اون یکی بره!

Sara: Das stimmt. Es ist immer so; eine Person geht auf jeden Fall früher als die andere ... und das ist gut für den, der geht; weil derjenige, der bleibt, wünscht sich tausend Mal am Tag, er wäre früher gegangen!

بابک: ولی ... الان که فکرشو می‌کنم، می‌بینم میشه؛ ... میشه با هم بود، ... با هم موند، ... با همم رفت!

Sara: Ah wa! Es kann möglich sein, um immer zusammen zu sein, aber ... die Wahrscheinlichkeit, gleichzeitig zu gehen ... ist eins zu einer Milliarde ... oder noch weniger!!!

بابک: *(به لیوان آب پرتقال رسیده، آن را برداشته، بالا آورده و طوری روبه‌روی صورتش می‌گیرد که سارا هم آن را می‌بیند)* سخته، ... ولی تلخ، ... *(با تأسف، سری جنبانده و نجواکنان ادامه می‌دهد)* نه نیست!!!* ... Glaub mir; es ist möglich und schwierig, aber bitter? ... *(یک بار دیگر با تأسف سر جنبانده و نجوا می‌کند)* Nein, auf keinen Fall!!!

Pause

مکث

Sara: *(Überrascht und erschrocken)* Was machst du, Mann?!!!

بابک: *(حالا دیگر نوبت خونسردی اوست)* ویتامین‌سی می‌خورم؛ برا گلودردم! *(با اشاره به گلوی خودش)* Es hilft gegen meine Halsschmerzen; oder?!

Sara: Nein!!! ... Nein, nein, nein!!! Ich bitte dich!!!

بابک: والله قرار بود بعد از تو، زن غریبه‌ها بیان بهم چشمک بزنن، نه این لیوانه! Jetzt aber blinzelt mich nur dieses Glas an; ... denn wo

204

sind die fremden Frauen, die kommen wollten, nachdem
du gegangen bist?!!!

Sara: *(Sie hat mehr Angst)* Nein!!! … Du musst nicht …

بابک: صبر کن ببینم … من نباید چی؟!

*Unmittelbar nach dieser Aussage
trinkt Babak den ersten Schluck
Orangensaft mit einer Positur des
Wagemutes. Sara ist sehr überrascht,
senkt traurig ihren Kopf und packt
ihn mit beiden Händen.*

بابک بلافاصله پس از منعقد شدن
کلامش، با ژستی از شهامت، اولین
جرعه از آب پرتقال را می‌نوشد. سارا
با شگفتی و افسوس، سر خود پائین
انداخته و آن را با دو دست می‌گیرد.

Sara: Babak, Babak, Babak …

*Babak geht auf der Bühne auf und
ab und spielt auf sehr dramatische
und emotionale Weise eine kleine
Rolle von Antonius, die er vorher
im Theaterstück „Antonius und
Cleopatra" gespielt hatte, als er in
Deutschland lebte. Sara schweigt
zuerst, aber da Babak seinen ers-
ten Satz mehrmals wiederholt, ver-
steht sie, dass sie ihn auch mit ihren
Dialogen begleiten muss. Babak
wartet darauf, dass Sara ihn bei der
Übersetzung seiner Dialoge beglei-
tet. Deswegen begleitet ihn Sara, so
lange sie kann, mit ihrer restlichen*

Energie und Kraft. Ihr anderer Begleiter ist auch die Musik, die nach und nach lauter wird.

بابک شروع به قدم زدن بر صحنه کرده و به صورتی کاملاً نمایشی و با احساس، بخش کوتاهی از نقش آنتونیوس — که پیشتر در آلمان بازی کرده بوده — را بازی می‌کند. سارا ابتدا ساکت است، ولی وقتی بابک اولین جمله‌اش را چندین بار تکرار می‌کند، او هم متوجه می‌شود که باید با دیالوگ‌های خود، وی را همراهی کند. بابک، منتظر همراهی او در ترجمه‌ی گفته‌هایش است و لذا سارا، با وجودی‌که رمق چندانی برایش باقی نمانده، تا آن‌جا که می‌تواند او را همراهی می‌کند. همراه دیگرشان هم البته موسیقی صحنه است، که هر لحظه بلند و بلندتر می‌شود.

بابک: از زمانی که کلئوپاترای من مرده است، ... (بابک *لحظاتی* را در انتظار ترجمه‌ی جمله‌اش به زبان آلمانی توسط سارا سپری کرده و چون عکس‌العملی از او نمی‌بیند، جمله‌اش را تکرار می‌کند) ... از زمانی که کلئوپاترای من مرده است، ... (حال سارا اصلاً خوب نیست و او هم‌چنان ساکت است. بابک با لحنی متفاوت، یک بار دیگر جمله‌اش را تکرار می‌کند) از زمانی که کلئوپاترای من مرده است، ...

Einige Momente vergehen schweigend, so dass Sara den Rest ihrer Macht sammeln und Babaks unvollständigen Satz auf Deutsch erzählen kann. Babak trinkt noch einen Schluck vom Orangensaft, der im Glas steht.

لحظاتی به سکوت می‌گذرد، تا سارا بتواند تمام باقیمانده‌ی توانش را جمع کرده و جمله‌ی ناقص بابک را به

آلمانی بگوید. بابک، جرعه‌ی دیگری
از آب پرتقالی که در لیوان است را هم
می‌نوشد.

Sara: Seit meine Cleopatra vorangegangen, …

بابک: از زمانی که کلئوپاترای من مرده است، چنان در تنگی زندگی می‌کنم
که خدایان را از دنائت خود به بیزاری آورده‌ام.

Sara: Seit meine Cleopatra vorangegangen, lebt‘ ich in solcher
Schmach, dass meine Feigheit den Göttern ward zur Ab-
scheu.

بابک: منی که ضربه‌ی شمشیرم دنیا را حصّه‌حصّه می‌کرد، …

Sara: Ich, des‘ Schwert die Welt geteilt, …

بابک: و کشتیهایم بر پشت سبزگونه‌ی نپتون شهرها برمی‌آورد، …

Sara: … der auf des Meeres Wogen Schiffe zu Städten schuf, …

بابک: اکنون …

Sara: … bin nun …

بابک: اکنون خود را در معرض این اتهام می‌گذارم که شهامتی کمتر از شهامت
یک زن دارم.

Sara: … bin nun verdammt, dem Weib an Mut zu weichen,
minder kühn.

بابک: و روحی نابزرگوارتر از او، …

Sara: Als sie, die sterbend …

بابک: و روحی نابزرگوارتر از او که با مرگش به قیصر می‌گوید:

Sara: Als sie, die sterbend unserem Cäsar sagt:

بابک: ‏"من خود فاتح هستم، نه کس دیگر".‏

Sara: „Ich überwand mich selbst.“

بابک: ‏(مستقیماً به لیوانی که در دست دارد) ای اروس ... (مکث. سارا دیگر رمقی برای حرف زدن ندارد. بابک ولی با صدایی بلندتر و به گونه‌ای تک‌کلمه‌اش را تکرار می‌کند، که گویا سارا باید هرطور که شده، تا پایان او را همراهی کند) ای اروس ...‏

Sara: *(Sie hat keine Kraft mehr, zu reden)* Du, ... Eros ...

بابک: ‏تو سوگند خورده‌ای اروس!‏

Sara: Du schwurst mir, Eros!

بابک: ‏سوگند خورده‌ای که چون آن ساعت گریزناپذیر فرا رسد – که اکنون فرا رسیده – که من در پس خود، فوج مذلّت و ادبار ببینم، ...‏

Sara: Du schwurst mir, Eros, käm' es zum Äußersten – und wahrscheinlich, jetzt kam es so weit – und säh' ich hinter mir die unvermeidliche Verfolgung von Schmach und Schande, ...

بابک: ‏در آن لحظه به فرمان من، به زندگی من پایان دهی!‏

Sara: ... dann, auf mein Geheiß, wolltst du mich töten!

بابک: ‏اکنون ...‏

Sara: Nun ...

بابک: ‏اکنون آن گاه فرار رسیده است!‏

Sara: Nun ist die Zeit da!

بابک: دست به کار شو!

Sara: Tu's!

بابک: پس دست به کار شو! ... تو با ضربه‌ی خود، تنها مرا نمی‌افکنی، که
قیصر را نیز ناکام می‌گذاری؛ ...

Sara: Tu's! ... Nicht triffst du mich, den Cäsar schlägst du nie-
der ...

بابک: چرا که او دستور داده مرا زنده به بند کشند!

Sara: Ruf' Farb' auf deine Wangen!

بابک: پس بشتاب ...

Sara: Also ... beeil dich!

بابک: پس بشتاب و شهامت این کار را به خود بده!

Sara: Also ... beeil dich, ... und ... und ...

*Sara – die jetzt in einer Ecke der
Bühne auf den Boden gefallen ist –
hat keine Kraft mehr, um ihren vor-
herigen Dialog zu beenden. Die
Musik wird jetzt viel lauter als zu-
vor. Babak trinkt auch den Rest
seines Orangensaftes und lässt sein
Glas in einer Ecke der Bühne ste-
hen. Während er seinen nächsten
Dialog erzählt, geht er zuerst kurz
auf der Bühne auf und ab und liegt
danach allmählich wie Sara auf dem
Rücken auf der Bühne, so dass die
Länge ihrer Körper die längste mög-*

liche Linie auf der Bühne bildet.
Er sagt seinen letzten Satz in einer
Situation, in der er völlig auf der
Bühne liegt und bleibt in derselben
Position, bis die Szene vollständig
dunkel ist.

سارا – که حالا دیگر در گوشه‌ای از صحنه، نقش بر زمین شده است –حتی رمق لازم برای اتمام دیالوگ قبلی‌اش را هم ندارد. موسیقی صحنه، حالا دیگر بسیار بلندتر از قبل به گوش می‌رسد. بابک باقیمانده‌ی آب پرتقالش را هم نوشیده و لیوانش را در گوشه‌ای از صحنه رها می‌کند. او هم‌زمان با گفتن دیالوگ بعدی‌اش، ابتدا لحظاتی بر صحنه قدم زده و سپس آرام‌آرام طوری مانند سارا به پشت بر صحنه دراز می‌کشد، که درازای بدنشان، طولانی‌ترین خط ممکن را بر صحنه تشکیل دهد. او آخرین جمله‌اش را در وضعیت تمام درازکش گفته، و تا تاریک شدن صحنه، در همان حالت باقی می‌ماند.

بابک: ‏(بسیار با طمأنینه، با لحنی بُغض‌آلود، قدم‌زنان، و ناامید از تکرارهای سارا) از زمانی که کلئوپاترای من مرده است، چنان در تنگی زندگی می‌کنم که خدایان را در دنائت خود به بیزاری آورده‌ام ... منی که ضربه‌ی شمشیرم دنیا را حصّه‌حصّه می‌کرد، و کشتیهایم بر پشت سبزگونه‌ی نپتون شهرها برمی‌آورد، اکنون خود را در معرض این اتهام می‌گذارم که شهامتی کمتر از شهامت یک زن دارم ... و روحی نابزرگوارتر از او، که با مرگش به قیصر می‌گوید: (بابک در حالت درازکش، آخرین جمله‌اش را فریاد می‌زند) "من خود فاتح هستم، ... نه کس دیگر"!

210

Musik deckt die gesamte Szene ab, und die Szene wird allmählich völlig dunkel.

موسیقی، تمام صحنه را فرا گرفته و صحنه، آرام‌آرام در تاریکی مطلقی فرومی‌رود.

DER AUTOR

Younes Heidari, 1972 in Borazjan im südlichen Iran geboren, machte seinen Master in Dramatischer Literatur in Teheran und den Doktor in Iranistik, Ethnologie und Drama in Jerewan, Armenien, und unterrichtete zwölf Jahre lang Theaterpädagogik an der Islamischen Azad-Universität Buschehr im Iran. Derzeit lebt er mit seinem Sohn Parham in Deutschland.

Younes Heidari schreibt auf Persisch, Englisch und Deutsch mehrere Artikel und Kurzgeschichten, den Roman „Der Teufel ist nicht weit weg" und Theaterstücke wie „Bejwar-Asb", „Mensch, Eisen, Feuer", „Marjan" oder „Notizen einer häuslichen Verhaftung" sowie die Pantomime „Nur Apfel, nur rot" und die Stücke „Auf der Suche nach dem Frühling", „Wann Godot nicht kommt" und „Der Keller". Er nahm an mehreren Theaterfestivals und Theaterstück-Wettbewerben im Iran, in Armenien und in Großbritannien teil und erhielt als Schriftsteller, Regisseur und Theaterbühnendesigner einige Auszeichnungen.

DER VERLAG

VINDOBONA
VERLAG · SEIT 1946

ein Verlag mit Geschichte

Bereits seit 1946 steht der Vindobona Verlag im Dienst seiner Bücher und Autoren. Ursprünglich im Bereich periodisch erscheinender Journale tätig, präsentiert sich der Verlag heute als kompetenter Partner für Neuautoren am deutschen, österreichischen und schweizerischen Buchmarkt. Engagement, Verlässlichkeit und Sachverstand – das sind die Grundpfeiler, auf denen der Verlag seit jeher sicher steht.

Sie möchten mit Ihrem Werk das vielseitige Verlagsprogramm bereichern? Der Vindobona Verlag garantiert Ihnen eine professionelle Prüfung Ihres Manuskriptes durch das Lektorat sowie eine zeitnahe Rückmeldung.

Genauere Informationen zum Verlag
finden Sie im Internet unter:

www.vindobonaverlag.com